原発廃炉と
破綻をさける財政改革
国債暴落とインフレ危機を回避する

田島代支宣

まえがき

原子力発電（原発）と約一〇〇〇兆円の財政赤字は現代社会の重要問題である。

日本列島の地震はプレートテクトニクス理論で説明でき、その危険性は二〇一一年の福島第一原発事故で明らかになった。列島にある五〇ほどの他の原発もいつ地震や津波におそわれて大きな事故が起こるかわからない。津波がなくても原発のある地盤そのものが破壊されることもある。加えて福島第一原発の場合、補償額は一〇兆円以上にもなる。

発電コストは財政支援額を含めると約一〇円／kWであり、水力、火力より高い。さらにその単価には放射性廃棄物のバックエンド費用が含まれておらず、政府発表の約一八・八兆円には未計上のものが多い。廃棄物の最終処分地も処分方法も決まっていない。単価について石油火力資本費とウラン燃料単価をもとにすると一つの試算として一七円／kWになる。

原発のエネルギー効率は約三三％であり六七％は廃熱となる。稼動後にプルトニウム、ストロンチウム、セシウムなどの放射性廃棄物を生じる。猛毒であり、半減期が長く、長期に熱と放射能を出す。人間の作ったものであるが、その毒性をなくすことができない。原子特有な作用であるからである。その技術は科学といいがたい。

総費用について一基三〇〇〇～四〇〇〇億円であり、さらに電源開発促進税（三七・五銭／kW）分が地元に約四五年間（計画―建設―稼動）で約二五〇〇億円交付される。関連する電力会社、企業、団体、役所、学者、政治家に大きな利権を生み出している。費用についても原発費用は総括原価方式により消費者に転嫁できる。

コンバインドサイクル発電、シェールガス等の活用、発電部門の自由化が強く望まれる。

特例国債の発行は当初（一九六五年度）ケインズ財政論によったが、その後の経緯はひたすら増額されて残高は一〇〇〇兆円に近い。

道路の長期収支を計算せずに建設し、多くの赤字高速道路を作ってきた。例としてアクアラインや本州四国連絡橋がある。利根川水系の八ッ場ダム（総事業費約四六〇〇億円）は利水に余裕があり、洪水調節効果は小さい。

社会保障費は国全体では年約一〇〇兆円にもなり、少子高齢化により将来費用は増大する。年金の保険料収入は少なくなり給付費が増えて三三年頃には財源不足となる。

租税の主なものは法人税、所得税、消費税である。法人税率は一九八九年四二%、最近では三〇%ほどであり、財政赤字でも減税されてきた。さらに各種の租税特別措置があり、課税対象額は減る一方である。赤字法人は九〇年代では七割にもなる。他の税と比べてきわめて不公平であり、いびつになっている。

所得税の例として年間所得三〇〇〇万円の所得者の租税負担率は一九八六年四一%、現行では三〇%ほどである。高額所得者ほど税率が低くなり、税率のきざみも少なくなり、高額所得者は有利である。さらに配当や利子所得が多い。

消費税には逆進性があり、低額所得者ほど年収に対する負担率が高い。法人税や所得税の不公平を直さずに消費税のみを上げていけば低額所得者の生活はより苦しくなり、消費全体も削減され、経済成長も阻害される。

財政破綻に近いのだから、支出の削減、法人税、所得税の是正が強く望まれる。

財政再建をなおざりにして、金融緩和のみを続けていけば、インフレとなり、国民生活は破壊され、国債は暴落する。

私は専門家でないが、入手できるかぎりの資料を集めて、具体的、実証的に事実をふまえて精一杯検討した。皆様のお役に立てば幸いです。

二〇一四年四月

田島代支宣(たじまよしのぶ)

原発廃炉と破綻をさける財政改革◉目次

三章　間近に迫る国債暴落とインフレ危機

六章　国債暴落をさける予算編成へ

一章　日本経済のいま

総供給と総需要から考える

二〇〇六年から二〇一二年度の経済主体別の貯蓄と投資のバランス（図表1―1）をみると、通常赤字となるべき法人部門が大幅な黒字になっている。これは、企業投資の手控えが続いてきたわけであり、経済の成長は鈍化してきた。加えて財政部門の大幅な投資超過（国債残高の累増）がある。併せて、二〇〇六年から二〇一〇年のGDPと新規固定資本の推移を示した。GDP、新規固定資本は減少してきた。経済全体の動きをみるため、総供給と総需要をみる必要がある。

総供給は国内総生産（GDP）＋輸入で、これは総需要投資＋政府支出＋消費＋輸出でもある。これを　書き直すと、（国内総生産（GDP）＝投資＋消費＋政府支出＋純輸出）である。

これらの二〇一一～二〇一二年度において生じていることをみると、以下の特長がある。

・供給サイドで一部の製品価格が下落してきた。下落率の大きなものは電気機器、情報通信

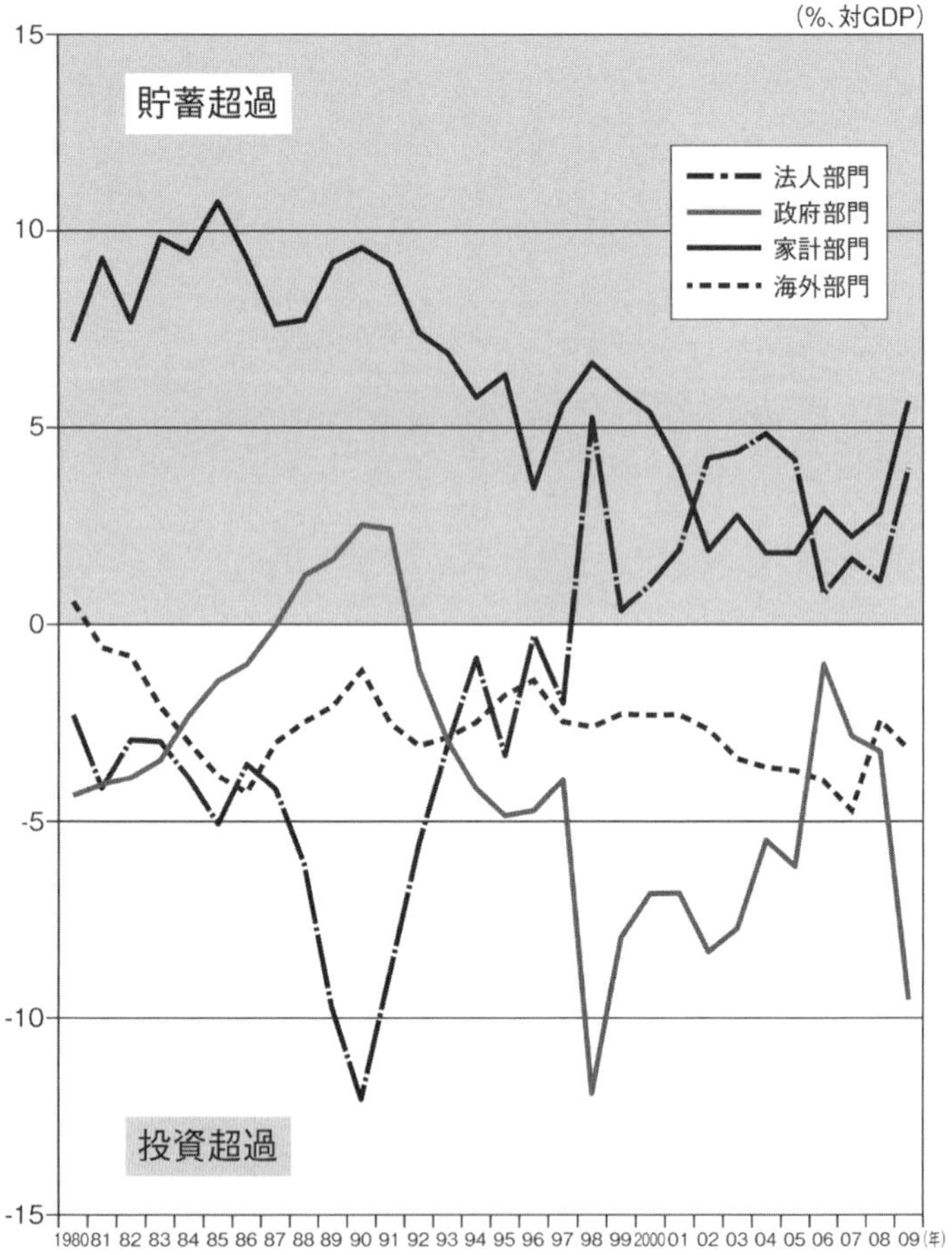

図表1－1　経済主体別の貯蓄・投資バランス

注：海外部門は海外から日本を見た場合の収支尻のため、日本からみた黒字はマイナス額として計上される。

原典：内閣府「国民経済計算年表」

出典：円居総一『原発に頼らなくても日本は成長できる』(2011年)

年度	2006	2007	2008	2009	2010
ＧＤＰ	509兆円	518兆円	499兆円	478兆円	479兆円
新規固定資本	116兆円	118兆円	108兆円	96兆円	96兆円

2006～2012年度のGDPと新規固定資本の変動

機器、電子部品、精密機器である。

・デフレである。モノやサービスの供給総額が需要総額を上回り、モノ余りの状態であり、モノに対する貨幣の相対価値が低下し、物価下落している。経済成長の要となる企業投資や消費が縮少し、縮少サイクルに入ってきた。

・財政の赤字が巨額化している。破綻寸前である。

・これに東日本大震災が加わった。そこで生じたのは東日本における住宅の倒壊や原発施設の破壊であり、併せて原発の危険性から原発の運転が止まり、電気エネルギーの不足が生じたとする。

一　国のデフレ対応とその問題点

デフレ下では物価が下がり、景気は悪く、お金を借りている方が負担を生じる。デフレ・ギャップは総務省の二〇一一年一～三月の統計によると約二〇兆円とする。バランス・シートにおける資産サイドにおいて土地、機械設備の価格評価が下がり、資産が目減りする。負債面では銀行借入額は減ることはない。このギャップを穴埋めせざるをえない。

デフレではモノ余り、カネ不足であり、対策としては、マネーの供給を増やすことがとられることが多い。二〇一三年において安倍政権はデフレ脱却と経済成長のための三本の柱として、大胆な金融政策、機動的な財政出動そして民間投資を喚起する成長戦略をとった。そこでの政策の一部を考える。

（一）金融緩和政策の実情とそのリスク

デフレの原因は金融緩和がさらに不足しており、貨幣数量説により、貨幣の流通量を増やし、価格を上げて（二％ほど）デフレを脱却させるとする。大胆な金融緩和策をとってきた。貨幣の総額をM、その社会での平均流通速度をVとして、Eを財貨の購入のための貨幣総額とすると、E＝M×Vとなり、

各種の財の価格をP、売上数量をQとし、TをQの総和とする。Pは一般物価水準、Tは取引高とする。

M×V＝ΣPQ＝P×T（この式は恒等式である）

これを次のようにもいえる（小黒一正「アベノミクスでも消費税は二五％を超える」）。

マネーストック×貨幣の流通速度＝物価水準×実質GDP（取引量）

ここで、マネーストックを増やしたとき、他の条件が変らなければ物価水準は上昇するとする。マネタリーベースを増やして物価を上昇させ経済を活性化させるとする。

これに対して、

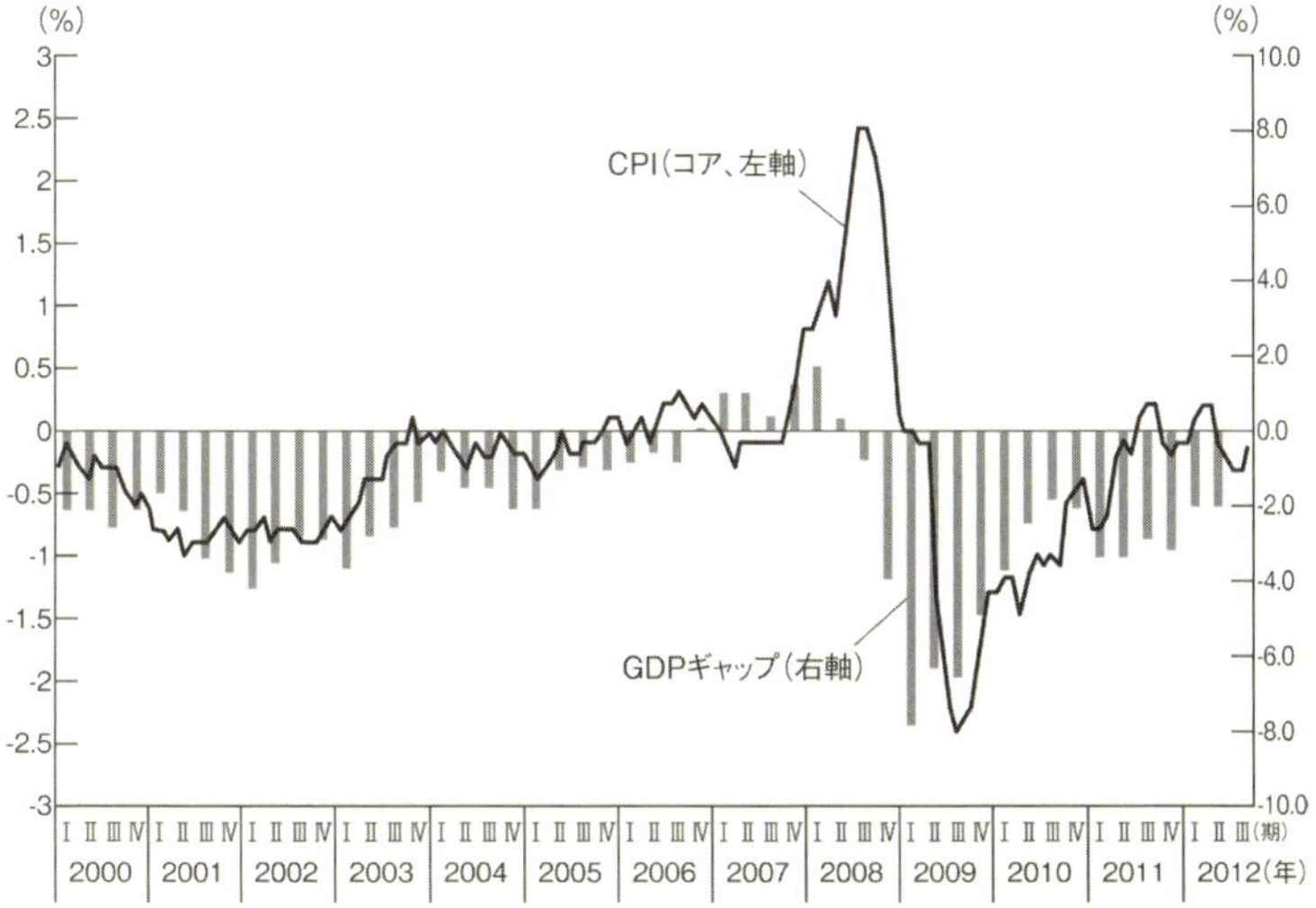

図表１－２　ＧＤＰギャップと消費物価指数の推移

注：CPI（コア、月次）は前年同月比、対 GDP 比における％を表す
出所：内務省、内閣府
出典：小黒一正『アベノミクスでも消費税は25％を超える』（2013年）

・日銀の総資産とＧＤＰ比率をみると、二〇〇七年の二〇％から二〇一二年には二五％ほどに増大している。すでに金融緩和を長期間続けてきた。

二〇〇七～一二年の一〇年もの国債の金利動向をみると、二〇〇七年は約一・八％であり二〇一二年は約一・〇％である。かなり長期に低金利を続けてきた。通常の見方では低金利政策はすでに限界的である。ここでの金融緩和の効果はうすいととれる。

・デフレの背後には「需給ギャップ」がある図（表１－２）を示す。モノやサービスの産出量を示すＧＤＰから経済の潜在的な供給力（産出力）を示す潜在ＧＤＰを引いたＧＤＰギャップをみる。二〇〇八年以降赤字である。そして消費者物価も下落してきた。二〇一四年

年度	電子部品	情報通信機器	電気機器	一般機器	総平均
2009年	83・6	73・9	94・3	100・5	103・0
2010	79・4	68・9	90・6	99・4	102・9
2011	76・9	64・0	88・5	99・3	105・0

国内企業物価指数（単位は%、出所「日本国勢図会1012年3月）

初、物価下落は解消しつつある。この物価下落の要因として、

・低成長又はマイナス成長となり、消費者が消費をひかえてきた。

・少子高齢化により生産年齢人口が減ってきた。賃金も減少してきた。全体消費量も増えない。

二〇一〇年を一〇〇とする消費者物価（二〇一一年）は九九・七となる。国内企業物価指数は二〇〇五年を一〇〇として次表のようになる。これらの要因として、以下の点がある。

新興国との競争でこれらの機器の価格が下落してきた。但し全体下落率は大きくない。

・企業側も投資を控えてきた。

・新興国から安い工業製品が輸入されてきた。

・製造業、非製造業とも利益率が下がっている。図（図表1－3）を示す。

これらの状勢に対してケインズ理論を応用して利子率の低下により投資を拡大させようとしてきたととれる。国内の総需要について、「総需要＝消費＋投資＋政府支出」である。ここで消費は所得と消費性向に

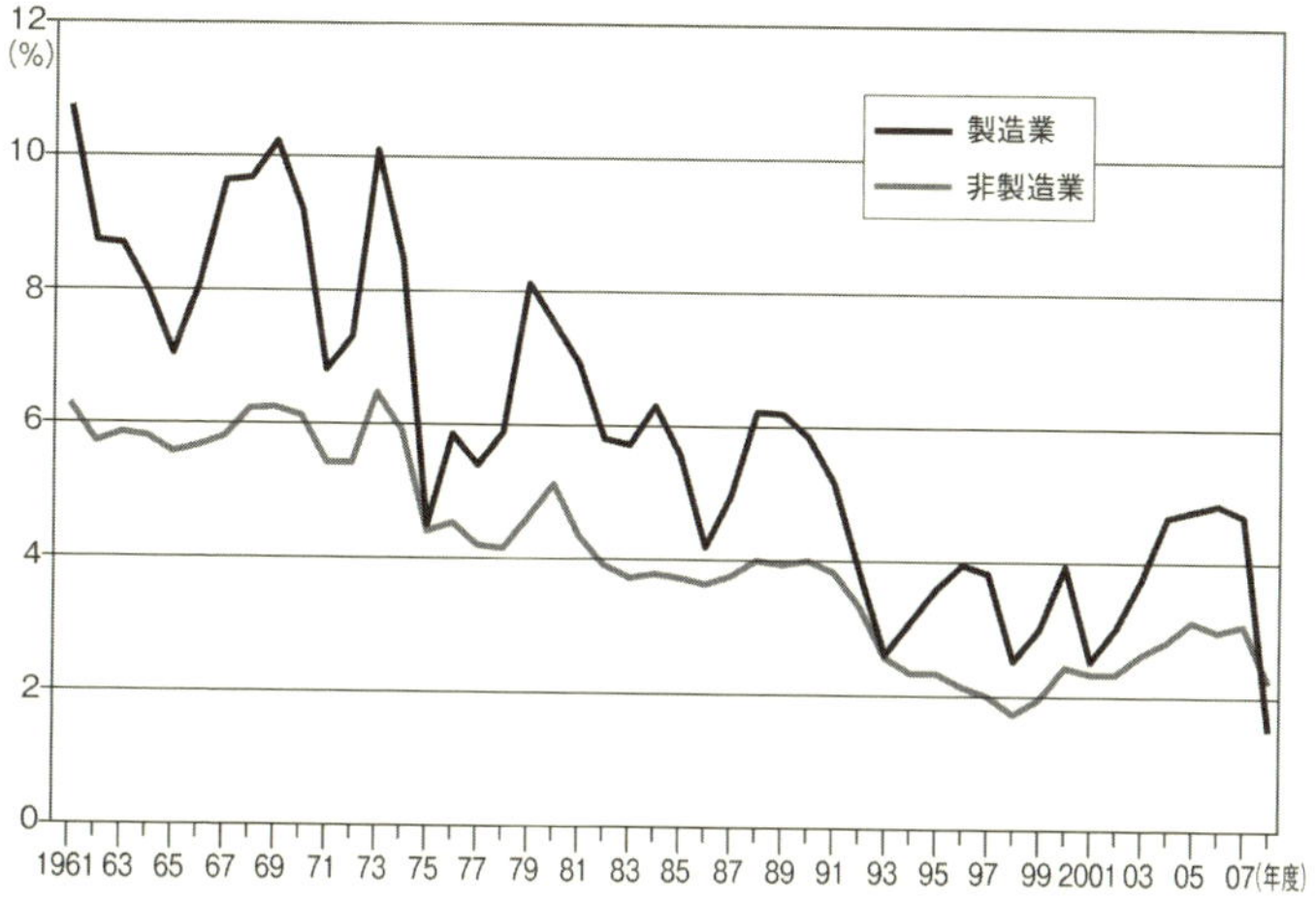

図表１－３　GDP製造業と非製造業の利益率の推移

注：総資本営業利益率（当期末）
資料：法人企業統計
出典：野口悠紀雄『日本を破滅から救う経済学』（2010年）

よってきまる。投資は資本の限界効率と貨幣利子率と一致するところで決まる。しかし、貨幣量を増やしても利子率が下がらず、流動性トラップに入り、総需要に影響しないととれる。

この理論について、資本の増加分から得られる総収益の増加分を資本の限界効率という。資本の限界効率が利子率より大きいときは投資誘因があり、投資が促進される。

利子率は流動性選好と貨幣量によって定まるが、現在の日本では貨幣量を増やしても利子率が低下しない。または資本の限界効率が低いため、投資誘因が生じず、新投資はなされにくい。流動性トラップの状態であった。

「新興国からの安い工業製品の輸入は国内の物価を下落させた。しかし、経済が流動性トラップに落ちこんでいるため、これが利子率を下げる効果はなかった。したがって住宅投資や

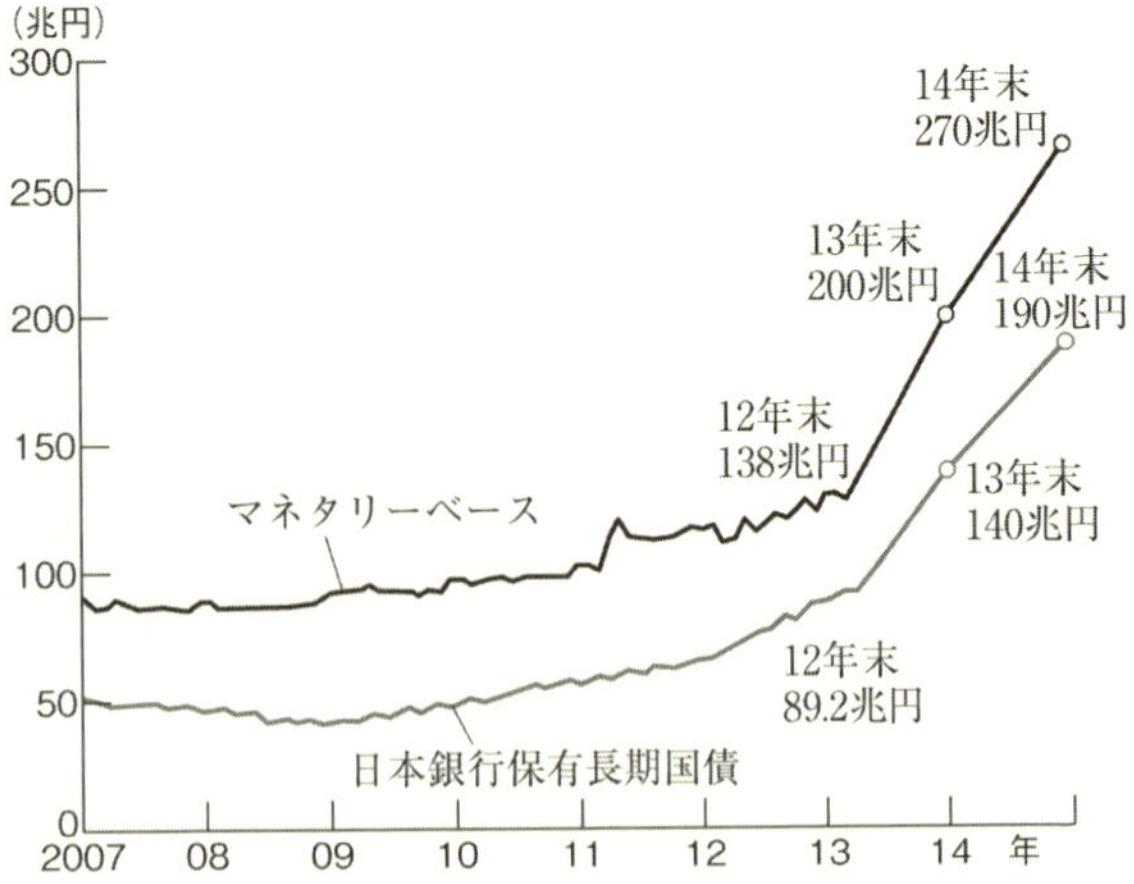

図表１－４　金融緩和の実際

原典：日本銀行の資料
出典：湯元雅士　『金融政策入門』（2013年）

設備投資が刺激されることもなく経済全体の活動水準が拡大することもなかった」（野口悠紀雄「日本を破滅から救うための経済学」第二章）。

この背景に次があった。

・新興国から低物価の工業製品が輸入されてきた。
・原油価格が下落してきた。
・円高があった。

こうした状勢と国内金融事情が重なり、九〇年代以降低金利政策がとられてきたが、景気が回復してこなかった。

低成長が長期に続き、企業は投資を抑制し、資金需要が低迷している。銀行における資金の企業への貸出しが増えず、国債の投資に向かっていた。マネーサプライを増やしてもＧＤＰは増えてこない。

この段階で大胆な金融緩和が実施された。二〇一三年四月、国債の買入れを四兆円から七兆円にして、一四年末には二七〇兆円のマネタリーベースにする。想定規模図（図表１－４）を示す。

思い切った金融緩和によって通貨量を飛躍的に増やし、景気を回復させる。これによって民間の消費と投資を活性化させる。

これは日銀による財政赤字のファイナンス、つまり日銀による国債引受けではないかについては、国債の日銀引受けは考えておらず、通貨量を増やして景気を回復させるにすぎないとする。

具体的に次がとられてきた（湯本雅士「金融政策入門」）。

・金融市場操作の目標を政策金利を下げることからマネタリーベース（銀行の準備プラス預金残高）に変更し、年間六〇兆～七〇兆円ベースで増加させる。

・長期国債の保有残高を年間五〇兆円ペースで増加するよう金融市場調節をする。

・買い入れる長期国債の残存期間を問わない（四〇年債を含む）

・金融資産買入等基金は廃止され、銀行券ルールは一時停止された。これを図示して示す。

二〇一三年六月での日銀のバランス・シートを示す。

日銀バランス・シート

2013年6月　　（単位：兆円）

国債	148	発行銀行券	83
社債	2	当座預金	84
貸付金	24	売現先勘定	10
その他	13	その他	10
計	187		187

注：(1)湯元雅士『金融政策入門』(2013)による
(2)売現先勘定は売り戻し約束のある国債
(3)単位＝兆円

日銀の国債残高は一二年末で八九兆円であり、140－89＝51兆

一般会計

2013年度当初

支出	92	国債 収入等	42 50
計	92		92

注：42／92＝46％
（公債依存度）

日銀バランス・シート

2013年度末

国債	140	日銀券	140

（マネタリーベース 200）

↓

日銀バランス・シート

2014年度末

国債	190	日銀券	190

（マネタリーベース 270）

円となり、国債発行四二を五一で除すと八二%となる。これは全て新規国債発行分を引き受けた場合の引き受け率となる。この率を六〇%としても、実質的に日銀による国債引き受けである。市中買入とあまり変らない。

この政策の根底にはリフレ派の主張がある。

・デフレ問題に対処するため、潤沢な準備を供給して金利を極限まで下げる。

・準備を供給する時に長期国債、外国債券、株式その他を購入して、各経済主体を活性化させる。同時に円安をひきおこす。

これに反対する立場として、

・民間の資金需要がなく、かつ法定準備をはるかに上回る準備が供給されている中では、さらなる積み増しは困難であり、本来、日銀のやることでない。

・デフレからの脱却を妨げている要因をとり除くことが重要である。マネー面からの政策は効果がうすい。

二%のインフレが達成されたときの出口戦略として次がとり上げられている。（前掲書）

・中央銀行預金ないし準備につけている金利の引き上げと法定準備金の引き上げがある。
・準備に金利をつけることは大量な金利準備を日銀に積み上げるインセンティブになる。しかし金利負担が生じる。
・準備預金制度は金融機関に対して顧客の預金残高に応じて一定比率を日銀におくことを求める。いずれでも市場が国債や通貨の信認をなくし、金利の上昇がありうる。

次のデメリットまたは不安定さがある。
・日銀のバランス・シートとＧＤＰ比をみると欧米と比べてきわめて大きい。インフレ要因になる。190／500＝38％にもなる。
・二〇一三年度に発行される新規国債の六割以上が日銀に保有される。実質的に日銀引受けである。
・通貨量を増やすことで投資や消費が増えるか。デフレは生産性が落ちる経済構造からくるのではないか。
・すでにふれたように流動性トラップならば通貨量拡大による投資刺激量は少ない。
・インフレになり、国債価額を暴落させる。これは金利上昇となり、国債費を増加させる。財政破綻を助長する。
・二％を達成できたとき、マネタリーベースの縮少がきちんとなされるか。長期国債を売っ

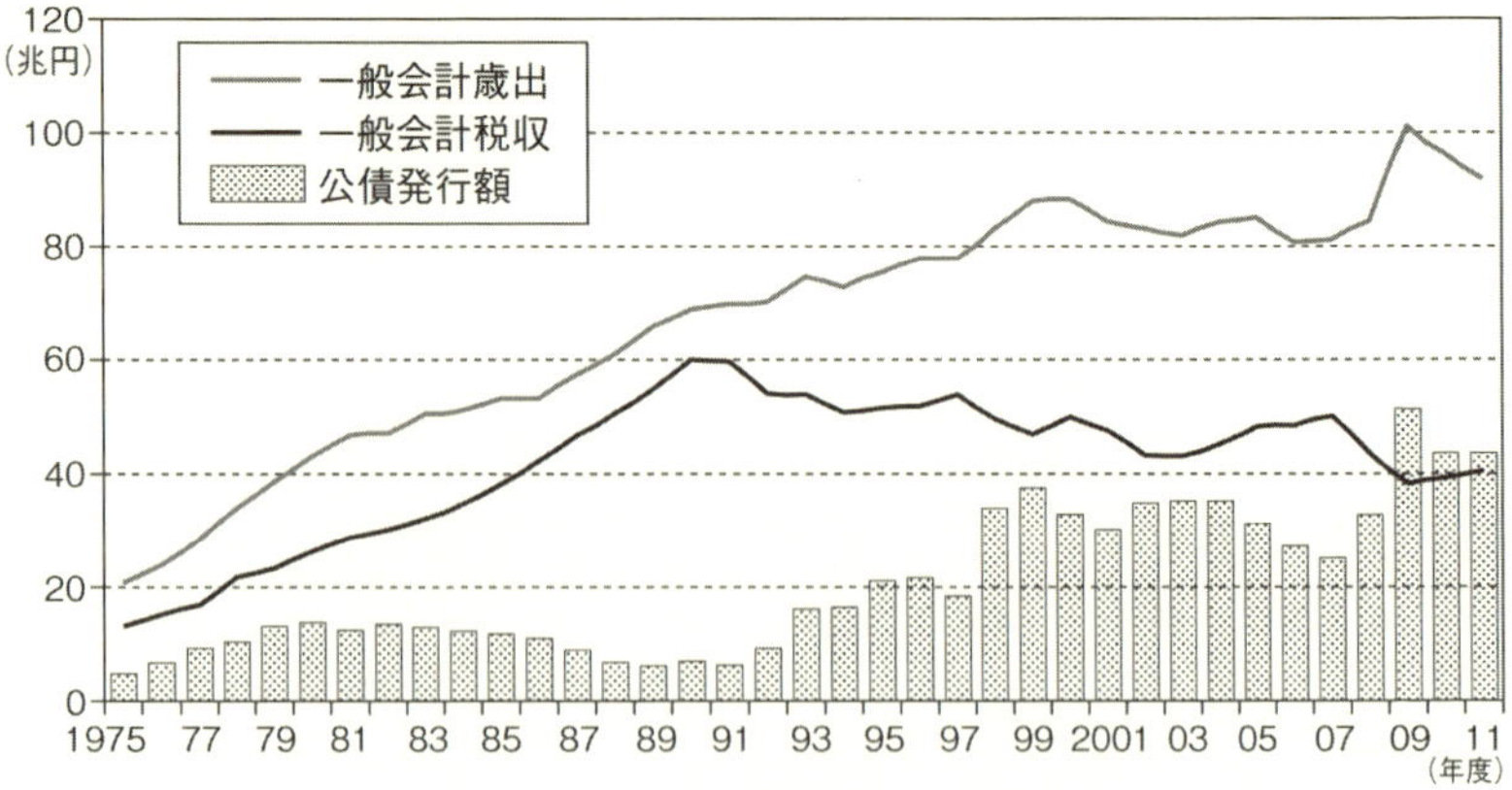

図表１－５　日本の財政の推移状況

注：10年度は補正予算後、11年度は政府案
出所：財務省「23年度予算のポイント」
出典：円居総一『原発に頼らなくても日本は成長できる』(2011年)

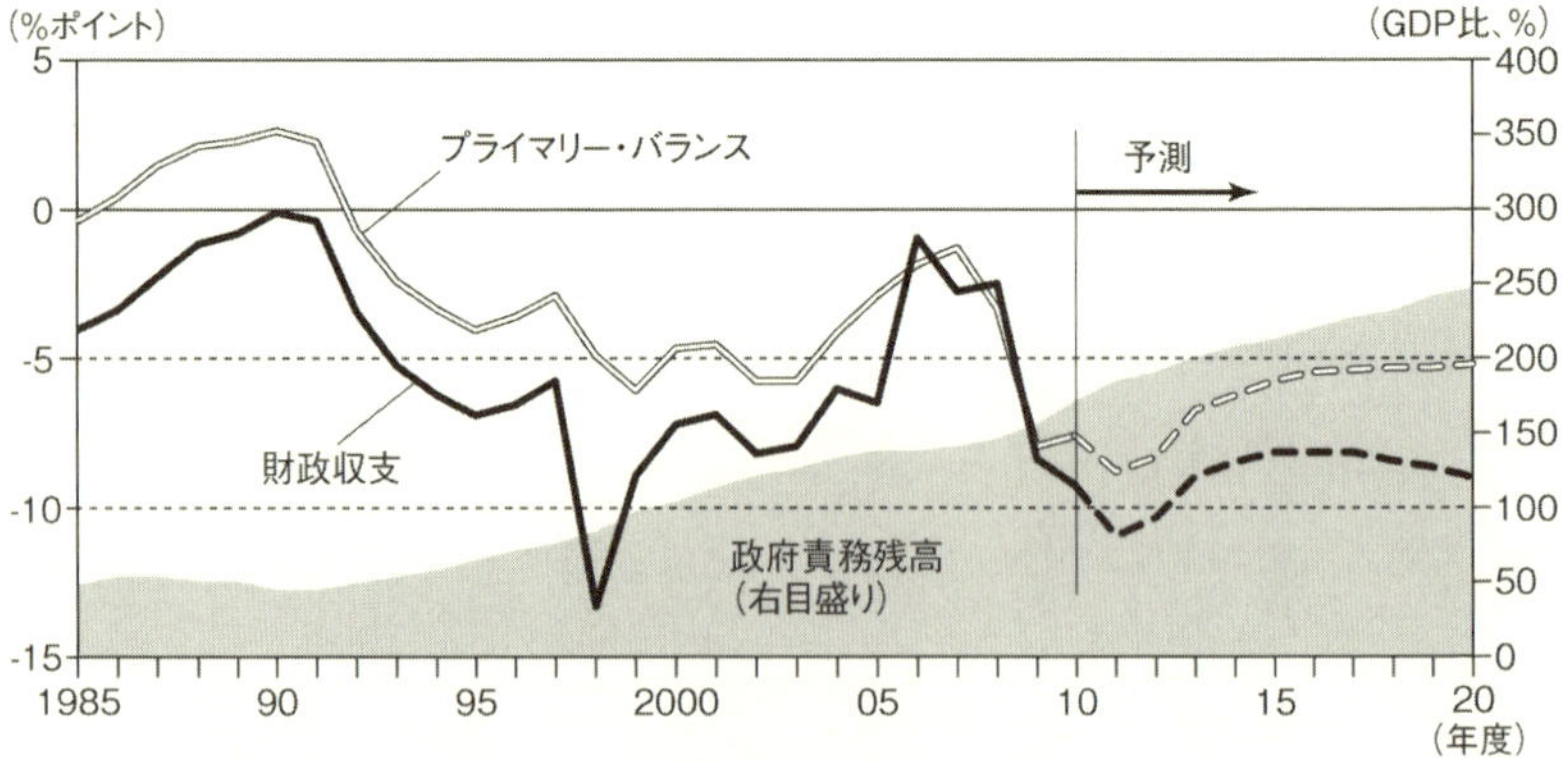

図表１－６　財政収支、政府債務残高とプライマリーバランス

注：⑴基礎的財政収支は、財政投融資特別会計から繰り入れの影響などを除いたベース。債務残高は、普通国債、地方債、交付税特会借入金残高の合計
⑵財政収支は、国＋地方。予測は日本経済研究センター悲劇のシナリオを前提としたもの
出所：日本経済研究センター「中期経済予測」2011年6月　出典：同上

て処理することになるが、それは国債の価格下落となりやすい。

もっと基本的な問題として企業の投資意欲が小さく、資金需要が停滞している状況ではデフレ脱却の特効薬とならないのではないか。マイナスの効果を十分みる必要がある。

貨幣は実物資産の裏付けがあってこそ信用が保持される。信用不安は国民にはねかえる。

（二）公共投資とその効果

公共投資の効果は一時的である。

さらに主要な財源を国債に依存せざるをえず、財政収支を悪化させる。参考図（図表1－5、6）を示す。歳入が減り、国債発行が増え財政収支が悪化している。

基本的には企業の価格競争力と高付加価値化が強く望まれる。さらに、需要面では成長力を強化して投資を拡大し、賃金を上げ、消費を増やす。そして、供給面は企業の競争力の確保、高付加価値化をめざす必要がある。

金融や財政での措置は限界的である。その底流には財政そのものが破綻的である。限界と短所を考えて実施されること。

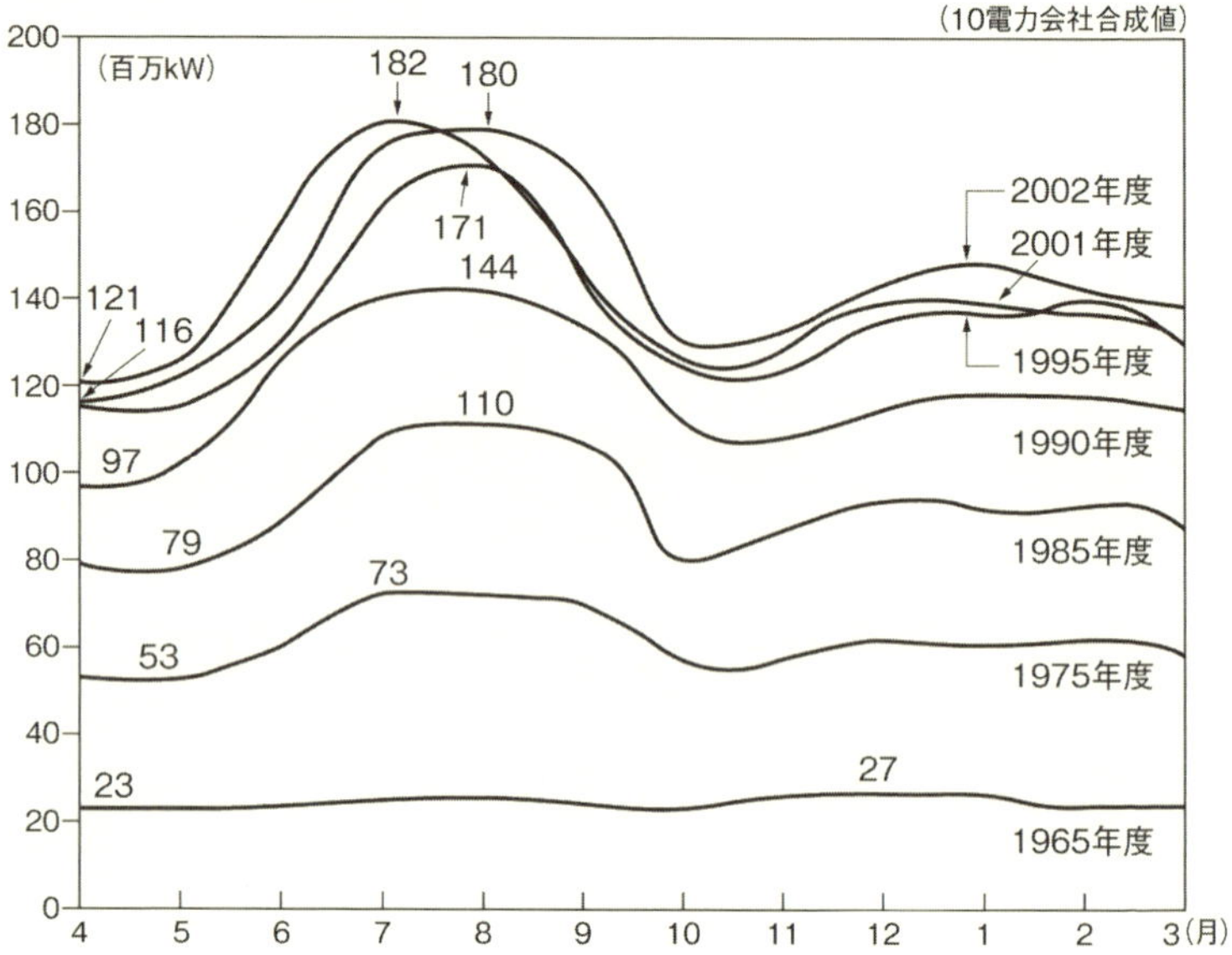

図表１－７　１年間の電気の使われ方の推移

注：⑴1965、1975年度の数値については9電力会社合成値
　　⑵電気事業連合会調べ
出所：財務省「23年度予算のポイント」
出典：近藤邦明『温暖化は憂うべきことだろうか』（2007年）

二　本当に電力不足なのか

二〇一一年三月震災が起こり、地域の生産施設が破壊された。併せて原発事故が起こり、その安全性からほとんどの原発が稼動せず、電気エネルギー不足が生じるとする見方がある。

電気エネルギー不足は供給面の拡大を大きく制約する。

次に電力不足を考える。

(一)　不必要な原発

二〇一一年福島第一原発事故と震災対策として大部分の原発が停まり、将来の震災に対して安全基準の根本

地域	北海道	東北	東京	中部	北陸	関西	中国	四国	九州	沖縄	合計
需要実績	31	79	280	122	27	141	58	27	84	7	858

2009年の各電力会社の需要実績（10億kWとして、計は端数処理のため一致しない）

電源	構成比
原子力	20%
石炭	16%
石油	18%
LNGなど	27%
水力	19%
合計	100%

電源構成比

注：太陽光発電は大きな割合を占めない

的見直しが起こり二〇一三年末において大部分の原発が稼動していない。

このため、電力エネルギー不足が生じ、供給力の不足がいわれる。はじめに、これを考える。

電力の供給側の制約として、

・大規模な量を蓄電できない。

・需要は刻々と変化する。これに合わせて供給しなければならない。加えて供給不足は停電等を起こし、経済活動に大きな影響を与える。

・島国だから外国から輸入できない。原油やウランを輸入してその熱量をもとにして電力を得るしかない。

・水力発電は限界的である。適地が限られダムは築造に長い年月を要し、環境破壊の面がある。

・太陽光発電は単価が高く、供給が不安定である。

需要側の特長として、

・一年間の使用量の推移として七月、八月に最大の需要量量がある。図（図表1－7）を示す。主に冷房に使われる量が増えるためである。

・一日では午後一時～三時頃にピークがある。

二〇〇九年度の電灯・電力需要実績（一〇億kW）として八五八（一〇億kW）である。

（単位：百万kW）

年	販売電力量
2007	297000
2008	289000
2009	280000

東京電力販売電力量

具体的な一年間の電気の使われ方の推移をみると、二〇〇一および二〇〇二年度において、七～八月に一八〇～一八二百万使われ、その他の月は夏の使用量を上回らない。また、真夏の一日の使用量をみると、二〇〇一年度では七月二四日に約一八二百万kWで、二〇〇二年度では八月一日に約一八二百万kW。その時間帯は一四～一六時頃である。

二〇〇九年度の電灯・電力需要実績（一〇億kW）として表の通りである。

次に電源構成比（％）は次のようになっている。太陽光発電量は大きな割合を占めない。

同様にして、東京電力分について二〇〇九年度の発電設備出力から、原発を除いた発電能力が推定されている（近藤邦明『電力化亡国論』）。

すなわち、全体分七七百万kWで、これから原発分の一八百万kWを引くと五九百万kWとなる。この五九百万kWは原発を除いた発電能力を示している。

一方、販売電力量として次の通りである

電源	原子力	火力	水力	合計
発電能力（kW）	4958万	13978万	4595万	23531万
稼働率	60％	50.7％	18.9％	

電源別発電能力と稼働率

参考として原発を除いた分で六〇％稼動すると、
59百万kW×24×365×0.6≒310,000百万kW

つまり、原発を除いた分を六〇％稼動すると、十分需要は賄える。

これはピーク時の使用量をみていないので別紙表（図表1－8、9）により、二〇一〇年東電管内については、最大需要電力は五五〇〇万kWであり、原発を除く供給力は五六〇八万kWである。原発を除いても十分賄える状態である。表より他の八電力でも原発なしでピーク時の需要が賄える。事実、二〇一一年、二〇一二年、二〇一三年において大部分の原発は稼動していないが、電力不足は起きていない。これには家庭および企業の節電努力、電力会社の火力発電の増強もあったが事情はほとんど変らない。

この事は長期的な発電施設の設備容量と最大電力の推移でも明らかである。図（図表1－10）において最大電力が（水力＋火力）の設備容量を超えることはない。

二〇〇八年の設備利用率をみる（広瀬隆「二酸化炭素温暖化説の崩壊」）。

次の事実がある。
・火力と水力は十分な設備能力を持ちながら休んでいて、稼動率はきわめ

発生年月日	最大電力	最大３日平均
2007年８月	6147万kW	6037万kW
2008年８月	6089万kW	6035万kW
2009年７月	5450万kW	5387万kW
2010年７月	5999万kW	5961万kW
2011年計画	5755万kW	－

図表１－８　東京電力管内での最大電力消費

出所：資源エネルギー庁の電力統計より

電力会社	供給力（原発を除く）	供給力（原発、揚水除く）	最大需要電力
北海道電力	624万kW	584万kW	547万kW
東北電力	1321万kW	1275万kW	1380万kW
東京電力	**5608万kW**	4574万kW	**5500万kW**
中部電力	3059万kW	2724万kW	2637万kW
北陸電力	622万kW	622万kW	526万kW
関西電力	2912万kW	2424万kW	2956万kW
中国電力	1425万kW	1212万kW	1135万kW
四国電力	596万kW	528万kW	550万kW
九州電力	1777万kW	1607万kW	1669万kW
沖縄電力	224万kW	224万kW	144万kW

図表１－９　各電力会社の最大電力消費量

注：⑴北海道電力の最大需要は冬期、東北電力は全原発が停止中
　　⑵2011年5月9日時点

出所：環境エネルギー政策研究所のリリースより

出典：飯田哲也監修『原発はなくても電力は足りる！』（宝島社）

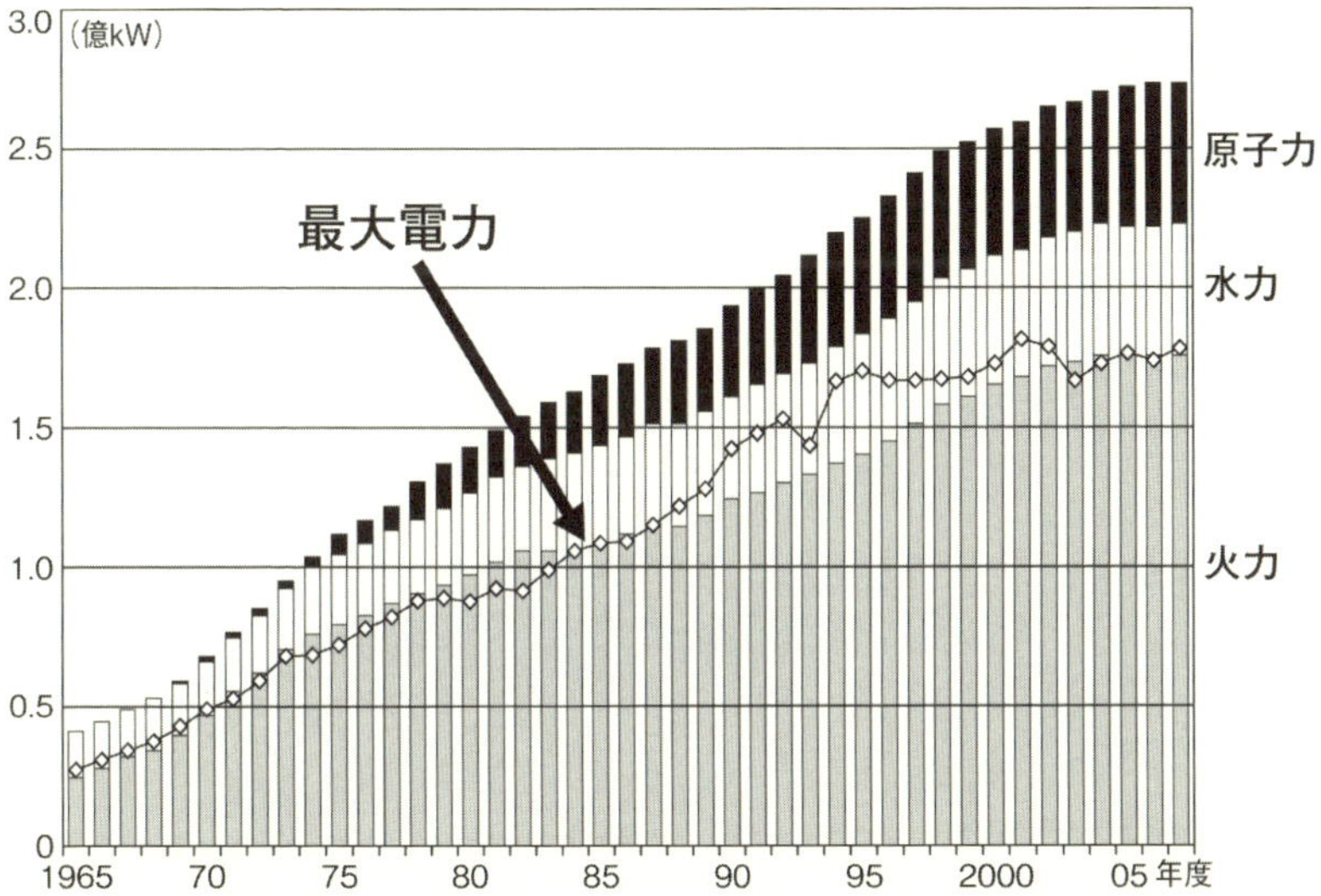

最大電力が火力＋水力を超えたことがないので、原発なしでも停電しないことが分かる。

図表１－10　発電施設の設備容量と最大電力の推移

出所：エネルギー・経済統計要覧（1994年版～2009年版）より藤田祐幸氏作成

出典：広瀬隆『二酸化炭素温暖化説の崩壊』（2010年）

て低い。

・原子力の稼動率が低いのは地震、津波、事故、定期点検のためである。最近の稼動率をみても二〇〇七年は六〇・七％、二〇〇八年は六〇・〇％、二〇〇九年では六五・七％であり、二〇一一年の大震災後ではほとんどの原発は稼動していない。原発事故のため、しっかりした安全対策をするためである。

このことの不自然さは次のことからくる。

・電力の消費は昼夜と季節で大きく変化する。その一方で電力は大量な貯蔵ができない。原発は

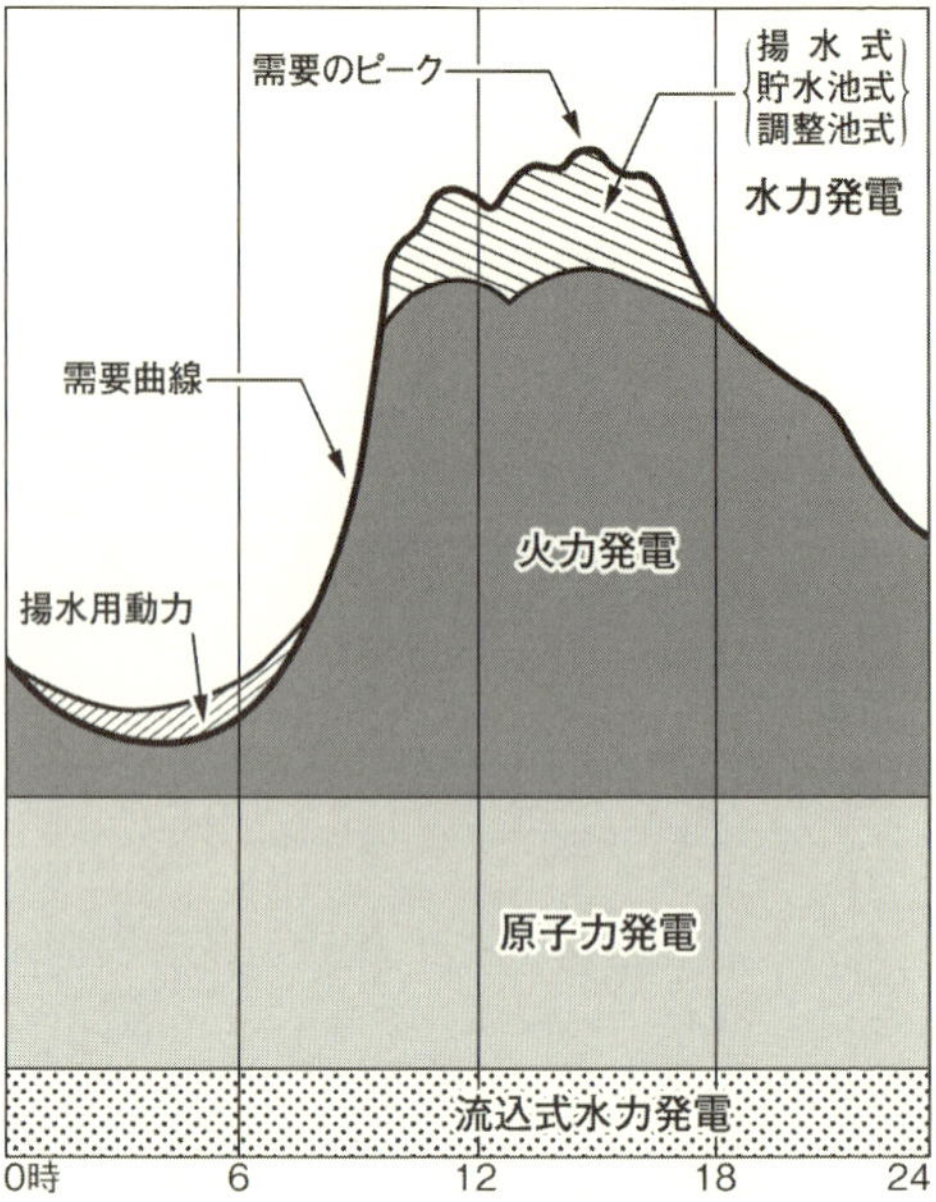

図表1－11　発電施設の運用実態

注：資源エネルギー庁「原子力2001」
出典：藤田祐幸『脱原発のエネルギー計画』（1996年）

この変動に対応できない。

・どの程度の発電設備が必要であるかを決めるのは年間の電力総需要でなく、年間では七、八月、一日では夏場午後一～三時頃の最大電力である。そのため、まず必要最低限需要量を原発が供給し、残りの部分を水力、火力で賄っている。すなわち、ベースロード分を原発で賄っている。発電施設の運用の実態を図（図表1－11）で示す。

・これが生じるのは次で示すように変化する需要に対応できず、稼動する原発を簡単に停められないためである。

さらに、事故等がきわめて多い、出力の調整ができない、震災等により重大な事故が生じる可能性があり、二〇一三年現在、大部分のものが稼動していない。

・耐用年数は四〇年ほどであり、経過年数が増えると利用効率は急速に下がる。その不安定さはより増大する。

次の対応ができる。

原発を廃炉し、水力・火力等を十分稼動する。不足分については効率的で安価な火力発電を計画的に増強する。併せて企業の自家発電を積極的に推進する。

（二）需要調整で電力にゆとりを

需要の実態をみると、全国の三分の一を占める東京電力のデータから、年間の最大のピークをみる。

・夏場の平日の午後一～三時頃である。

・その時間数は一〇時間ほどである。

・このピークの最大の需要として、業務用の冷房と通常の業務用の電力である。一般家庭用の電力は大きな割合を占めていない。

・この夏場の消費ピークを作るのはエアコン（冷房用）である。

この業務用の消費の大部分について、最大消費量で基本料金が定まり、一定量を超えると使えば使うほど安くなる。その結果製品単価当たりのエネルギーコストを算定すると、消費の多い月により消費を増やした方が有利になる。

その料金体系について次の改善策をとる。
・一定限度以上の使用について使えば使うほど高くなる料金体系にする。
・一時〜三時の使用について別料金をとる。ピーク時の発電量に対して、大きな投資をして、より高価な原発施設を稼働させているからである。

これ以外にも次の節電がとりうる。
・電力使用の効率化を求める。省エネの建物にする。
・冷房の設定温度を高くする。エアコン利用について一時間のうち、五〜一〇分切る。
・夏季について作業時間を一時間早める。休日出勤する。夏場の夏休みを増やす。
・建物の効率的エネルギー利用をめざす。送風の回路をつける。不必要な部屋分は切る。部屋毎の冷暖房にする。
・屋上や窓を植物でおおう。

家庭での電力使用について
・電化製品を少なくする。使用時間を減らす。
・冷房温度を高くする。暖房を効率的にする。
・樹木や植物の利用をする。

・オール電化住宅がエネルギー利用が秀れているとするのは電力会社の宣伝にすぎない。暖房は灯油でする。冬は厚着する。
・風呂、料理、暖房は当初から化石燃料でする。原発のエネルギー効率は約三三％であるから、化石燃料（又は原発）→電気→熱でなく、化石燃料→熱とする。
・一般的に一次エネルギーを電力に変えるにはロスが多い。電力使用について、通信、エレクトロニクス、照明、工作機械（モーター）などに限定する。熱を利用する場合には直接化石燃料から熱源をとる。
・冬場に太陽光利用を積極的にする。

(三) 電力自由化で市場原理の導入を

電力料金について原価と事業報酬とを加えたものを販売電力量で割って料金を定めている。原価を形成するものとして人件費、燃料費、修繕費、減価償却費、公租公課、購入電力料などである。

事業報酬についてはレートベース（電気事業固定資産、建設中資産、核燃料資産、繰延資産、運転資産、特定投資など）に報酬率（二〇〇八年度現在三％）を乗じて得られる。

ここで、レートベースの対象となるものとして、核燃料（装荷中および加工中燃料）と建設中資産が含まれる。原発をもつことが電力会社にとって財務上負担とならないだけでなく、それが大きな費用となっても、利用者に転嫁できる仕組となっている。

主要な施設は発電、配電、送電施設であり、その全てを一社が保有し、沖縄を除く全国を九つに分けて、各地域の電力を独占的に供給してきた。他の発電業者の本格的参入ができない。他の業種にない仕組である。

発電部門の自由化を考える。

このキーワードは発電施設の自由化、発電と送配電の分離、電源の多様化と分散化である。これにより安い電気を安定的に供給する。

電気事業を送配電と発電部門に分離し、電力は発電会社↓送配電会社↓一般消費者へと流れるようにし、発電部門に市場原理を作用させる。新規業者の参入を認める。

・原発は廃炉する。未償却資産は費用化する。廃棄物と廃炉は既存の電力会社において、一部補助金を受けて管理する。

・送配電会社は電力の安定供給義務を負う。

・発電部門と送配電部門に分離する。既存の施設のうち、送配電は地域毎に確立されており、当面これを活用する。

・特定の発電事業者が特定の需要家に送電する時は適正な託送料を払う。

・分割された電力会社、既存の公営電気事業、新規の参入電気事業者はプラント毎（水力、火力などの部門毎）に入札する。

・電力の供給プラントには水力、火力、風力、太陽光、地熱などがある。それぞれの発電方式により電力量、電気の安定度発電時間、供給コストが異なる。それぞれの特性を適正かつ厳格に算定してプラント毎の枠を設定する。各新規事業者はその設定された枠内で入札する。

・送配電会社は月毎のプラント別の必要量を算定し、その枠内での入札をして安い事業者を落札とする。

・このとき風力と太陽光発電には次の制約がある。まずコストが高く、電気が不安定である。

〔風力について〕

コストが高く、立地場所が限られる。出力は風速の三乗に比例し、ロータを円形とすると、ロータの直径の二乗に比例する。また、定格風速（二・五m～六m）→（二〇m～三〇m）でないと稼動できない。

〔太陽光について〕

太陽光そのものの強さとして一・九五cal／min cm^2

ここでW＝J／sec、一cal＝四・二J、（J＝ジュール）

1.95×4.2J×1／60×100×100＝1365W／m^2

太陽定数を一三六五W／㎡とすると、南中時の日射強度は大気の影響等から削減され、
1365W／m^2×0.8≒1100W／m^2

これらから、太陽光発電は大きな発電量が得られない。さらに雨、雪、霧、台風などの影響を受け、パネルの耐用年数も約二〇年であり、開発単価は三〇～四〇円／kWほどで石油発電と比べて高い。さらに北海道や東北では日射量が弱い。二〇一四年度の固定価格買取り価格は三七円／kWほどで、その料金は電気料金の賦課金として上乗せられ、消費者が支払う。

〔地熱について〕
設置場所が限定される。国立公園の制約もある。

・プラント毎の割合は地域毎または月毎に国が定める。長期エネルギー計画に基づく。
・合わせて適正な料金体系を定める。
・真夏のピーク時の利用には料金の高い賦課金を設定する。
電力は電力会社の独占供給でなく、十分な技術により一般の会社でも参入できる。発電部分にプラント毎の枠を設定して、自由な市場を設けてエネルギー市場を活性化させる。
このほかにも、化石燃料は熱源と電力になりうるからコージェネレーションを推進する。

小型で分散化したエネルギー供給も有効である。その例としてマイクロ・ガスタービンがある。地域によっては長大な送電線を要しない。家庭での利用も将来可能である。石炭、石油、シェールガス等による効率的な発電方式が開発されていて、単価も安い。

二章　原発は廃炉にすべき

一　原発のエネルギー収支

(一) 核燃料はどうやってつくられるのか

核分裂するウランを取得するのに、ウラン鉱石を採鉱し、精錬し、化学操作して沸化ウランにし、物理操作して濃縮ウランにし、化学処理して酸化ウランにし、加工して燃料棒として原子炉内に入れる。このプロセスでの主な物質の動きとして、一〇〇万kW級の一年間の運転のため、核分裂性ウランを約一トン要する。一方、それを取得するため約二五〇万トンのウラン残土が生じる。

これらを簡単化すれば、ウラン残土二五〇万トンから一トンの核分裂性ウランが生じる。

単純重量比をとると、一トンを二五〇万トンで除して、

〇・〇〇〇〇〇〇四

である。これは濃縮ウランのみであり、各種の機器の稼働に、機器の材料以外に石油と電力が使われ、炉などの製作のため石油、電力および各種の金属、セメントが使われる。

取得されるのは電力のみであり、そのプロセスで毒性の高い高レベル放射性廃棄物以外に低レベル廃棄物、劣化ウラン、有害鉱滓、ウラン残土、さらに四〇〜五〇年後に廃炉が生じる。原子炉に事故が起きれば、有害な水、土なども生じる。福島第一原発で起きている。

これらのうち、放射性廃棄物については捨てる所がない。地下においても地震や地殻変動があり、日本では水の作用が盛んである。具体的廃棄方法も廃棄場所も定まっていない。六ヶ所村は最終処分場でなく、中間処理をするにすぎない。

（二）劣悪なエネルギー効率

全体のエネルギーの流れは、表面的には、

ウラン→電力＋放射性廃棄物

であるが、全ての主なプロセスをみれば、

石油＋電力＋ウラン＋原子炉→炭酸ガス＋放射性廃棄物＋廃熱（温排水）＋廃炉＋電力

である。このことについて、アメリカエネルギー開発庁の報告（一九七六年）では、一〇〇万

kW級を平均稼働率六一％で三〇年間運転した場合に生じる電力と必要なエネルギー比率は、約三・八にすぎない（槌田敦『原発安楽死のすすめ』）。

石油発電の場合、一の石油で一〇〇の石油を掘り、得られた電力と投じたエネルギーの効率は約四〇％であるから、原発のエネルギー効率の劣悪さは明らかである。

（三） たれ流される廃熱

核分裂時の核エネルギーを一〇〇とすると、それが消費の現場に届くまでのプロセスとして、

・核分裂エネルギー→熱エネルギー→蒸気→タービン→発電機→電力→配電→電力消費

（この点では火力発電と大きく変らない）

・核エネルギーが電力になる割合は約三三％にすぎず、残りの六七％は温排水になり、海水を温める。

・約二％が自家電力に使われる。

・さらに原発の設置地は消費地と離れており、その送電で約二％が失われる。したがって、実質的な効率は約二九％にすぎない。加えて、長大な送電線を要する。

原発からの六七％が廃熱として捨てられるが、それが全国の河川水をどのくらい温めるかを推定する。

二〇一〇年で商業用原子炉五四基の電気出力は約四九〇〇万kWであり、年間の稼働率を六〇%とすると、年間約二五〇、〇〇〇百万kWの電力を生む。熱効率は約三分の一であるから、約二倍の廃熱を生む。年間の河川水は約七三五億トンであり、一kW当たりの熱量を八六〇キロカロリーとすると、単純に考えて約五・八度上昇させる。原発がクリーンで地球温暖化に役立つとするのは、これだけでもありえない。

その廃熱には算定されていないものが多い。主なものをあげる。

・核燃料の採掘、精錬、転換などの燃料エネルギーから生じるもの。

・揚水発電所は普通の発電所と異なり、原発の夜間の余剰分の電力を使って下の貯水池の水を上の貯水池に引きあげる。昼間にはこの水を使って発電している。したがって揚水発電所は原発の付帯施設である。この揚水発電所の建設、管理エネルギーも含まれる。

・原発の稼働率をみる。二〇〇一年度八〇%、〇二年度五九%、〇四年度六八%、〇五年度七一%、〇六年度六九%、〇七年度六〇%、〇九年度六五%である。二〇一一年震災後から一三年末まで〇に近い。この稼働率の低さは原発特有のもので、その未稼働分の施設エネルギーは一〇〇%と比べてムダになっている。

・放射性廃棄物の超長期の管理エネルギー

・廃炉の管理エネルギー

この中で廃炉および放射性廃棄物の処理エネルギーは莫大になるだけでなく、超長期に続く。原発の耐用年数は長くても約五〇年とみると、それらの管理エネルギーは全く電力を生まなくなっても長期に続く。

放射性廃棄物（廃炉を含む）の毒性をなくすことができないからである。「トイレなきマンション」はあてはまるだけでなく、トイレの毒は生命そのものをおかす。自然界に捨てても、その毒は水や生物を媒介して人間に帰ってくる。捨てる所がない。人間を含む生命にとって毒物である。

二　間違いだらけの原発費用

（一）原発にかかる本当のコスト

費用項目として生命の損傷や自然破壊（計量化できない）と、直接原発の建設や運転等についての費用（計量化できるもの）がある。計量化できるものを示す。

・ウランの採鉱、精錬、濃縮等の費用
・放射性廃棄物の処分費用
・低レベル放射性廃棄物

・高レベル放射性廃棄物
・核燃料サイクル費用
・高速増殖炉取得および維持費用
・財政支援——研究開発、立地支援、安全規制コスト支援、損害賠償支援
・地震および津波等による補修費
・地震および津波等による損害賠償
・廃炉費用
・揚水発電所取得および維持費用

原発費用の発生時期と期間についての模式図（図表2－1）を示す。
この中で重要なことは、
・原子炉取得費が巨額になる。
kW当たり二七・九万円とすると、一三〇百万kW級の費用として、
0.279百万×130000≒362000百万円
・廃棄物処理費用は超長期に続く。
・廃炉費用も長期に続く。
・核燃料サイクル費用も巨額になる。

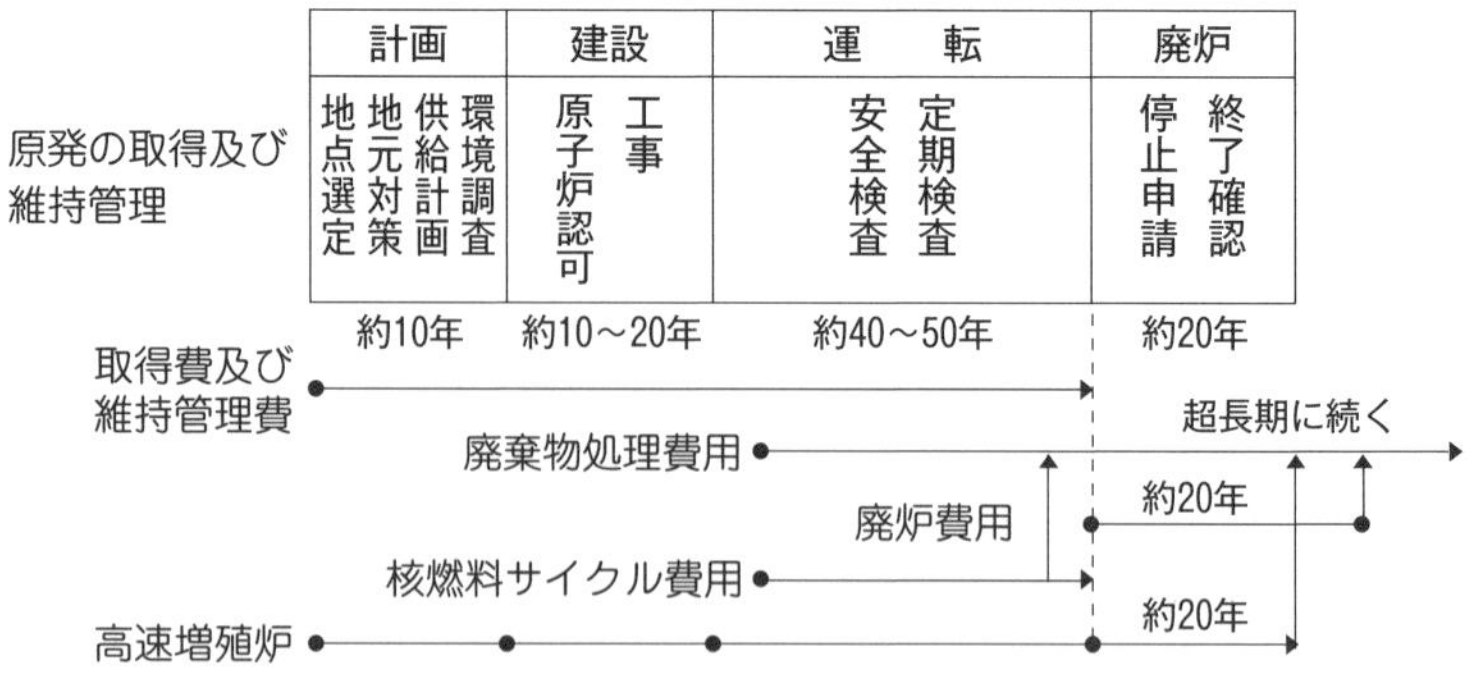

図表２－１　主要原発費用の発生時期と期間（模式図）

注：⑴取得費は１基3000～4000億円である。
⑵廃棄物処理費用は超長期に続く。一方、電力供給は40年ほどである。
⑶高速増殖炉は破綻している。１兆円以上の費用が無駄になっている。

八〇～一〇〇年にわたって約三〇〇〇～五〇〇〇億円の費用が動く。関連する団体として文部科学省、経済産業省などの官界、地元市町村、原子炉関係業者、原子力関係学会などがあり、経済的利益が大きな利権を生じる。

使用済燃料と放射性廃棄物の処理費用の推計がなされている（総合エネルギー調査会、二〇〇四年）。

再処理	一一兆円
返還高レベル放射性廃棄物管理	三〇〇〇億円
返還低レベル放射性廃棄物管理	五七〇〇億円
高レベル放射性廃棄物輸送	一九〇〇億円
高レベル放射性廃棄物処理	二兆五五〇〇億円
TRU廃棄物処理地層処分	八二〇〇億円
使用済燃料輸送	九二〇〇億円
使用済燃料中間貯蔵	一兆一〇〇億円
MOX燃料加工	一兆一九〇〇億円

ウラン濃縮工場バックエンド　　　　　　　　　二四〇〇億円

計　約一八兆八〇〇〇億円

（注）TRU＝長半減期低発熱放射性廃棄物

これらの費用について次がある。

・費用項目について劣化ウランや減損ウランの計算がされていない。

・MOX使用済燃料の再処理が十分検討されていない。

・再処理について六ヶ所村再処理工場のみに限定されているが、再処理が全て実施されているわけでない。

・高速増殖炉の事業費が含まれていない。

バックエンド事業は数百年にわたる。見積もられた費用が全てを含んでいるわけでない。廃棄物の最終処分方法さえ確定していないから、全ての費用が計算できるはずがない。費用項目に計上されていないものが多く、過少であり、確実なものでない。したがって、それらの費用が単価に全て反映しているわけではない。震災による補償費用も含まれる。

（二）原発の電気は本当に安いのか

原発開発についての設備容量を示す。

（kWh当たり）

	原子力	火力	水力	一般水力	揚水	原子力＋揚水
1970年代	13.57円	7.14円	3.58円	2.74円	2.74円	16.40円
1980年代	13.61円	13.76円	7.99円	4.53円	4.53円	15.60円
1990年代	10.48円	9.15円	9.61円	4.93円	4.93円	12.01円
2000年代	8.93円	9.02円	7.52円	3.59円	3.59円	10.11円
1970～2007年	10.68円	9.90円	7.26円	3.98円	3.98円	12.23円

図表２－２　財政支出を含めた電源別総合単価

注：事故の場合の被害額、被害補償額は含まれず
出所：大島堅一著『再生可能エネルギーの政治経済学』（2010年）
出典：飯田哲也監修『原発がなくても電力は足りる！』（2011年）

一九七〇年代　　八六（万kW）
一九八〇年代　　一四九五
二〇〇七年　　四九四六

これらの設備に対して、一般会計のエネルギー対策費とエネルギー対策特別会計支出金がある。これらの財政支出を含めた電源別総合単価が計算されている（飯田哲也『原発がなくても電力は足りる』）。表（図表2－2）を示す。

原子力は単独でも水力、火力より高く、「原子力＋揚水」をみればはるかに高い。実際にはこれらの費用に各種の廃棄物処理費用、さらに高速増殖炉費用、震災等による補償費用が加算される。したがって、原子力単価一〇・六八円（一九七〇～二〇〇七年）は未算入費用が多い。

（三）総括原価方式の落とし穴

電力は必要不可欠な基本的エネルギーとして政府は電力会社に供給義務を課す一方で、地域独占を認め、総括原価方式により一定の利潤を認めたうえでの電気料金の設定を認めている。

供給面、需要面の特性をみる。

〔供給面〕

・地域独占――沖縄を除いて九地域に分割し、地域独占と独占価格を認める。

・発電、送電、配電施設の電力会社の一括保有。送配電の分離がない。

・原発について国策民営の側面がある。核兵器開発にからみ国が主導し、巨大な保護をする。補助金や特別会計で援助する。

・原発によるベースロード発電。

〔需要面〕

・供給力に合わせた需要――浪費を認める。例としてオール電化住宅。

・料金体系――資源浪費的。需要を抑制したり、効率的利用を強く求めない。

電力会社から電気を購入する顧客を需要家と呼ぶが、契約kWの規模に応じて、特別高圧、高圧A、高圧B、低圧、電灯に分かれる。料金について特別高圧分は安く、電灯分は高い。

電気料金の算定にあたって、

・需要予測から販売電力量を決める。

・販売電力量を供給するための適正な原価を算定する。

・適正事業報酬を定める。

・この適正原価に適正利潤を加えたものを販売電力量で割って電力料金を定める。

総括原価の細目を示す。
・人件費、燃料費、修繕費、減価償却費、公租公課、購入電力料
・電気事業用固定資産
・建設中資産
・核燃料資産
・運転資産、特定投資、繰延資産

控除する収益として、
・他の電力会社への販売電力料
・電気事業雑収益
・財務収益

火力発電の場合、石炭や石油は燃料であって運転経費として算入されるだけである。しかし、原発については、核燃料は装荷中および加工中のものも原価として算定されるだけでなく、資産としてレートベースの計算対象となる。さらにレートベースの対象として建設中資産も含ま

れる（近藤邦明『誰も答えない！　太陽光発電の大疑問』）。

したがって保有資産を大きくすることが電力会社として少しも負担にならない。原発についていえば、非効率で高価な原発施設分を料金として徴収できる。加えて、地域独占であるから需要家は他の電力会社を選べない。

具体的な二〇〇九年度の東電のものとして、原価四兆六九四一億円、事業報酬一五八六億円、料金収入四兆八五二七億円であった（「週刊東洋経済」二〇一一年四月二三日）。

総括原価を高くするものが多い。

・原発施設そのもの。一基三五〇〇〜五〇〇〇億円ほどである。
・原発の核燃料処理費。今後高くなる。
・広告宣伝費。独占であるのに過大な広告をしている。
・金利について優良企業のプライム・レートで借入れる。金融機関側は高い金利で収入を確保できる。
・ゼネコンにとって最大の発注先の一つが電力会社である。建設費が高いことが双方にとって有利となる。随意契約になりやすい。

放射性廃棄物の処理を含めた単価が推定されている（近藤邦明『電力化亡国論』）。

一九九九年に発表された原子力発電コストについて表で示す（図表2－3）。これによると単

図表２－３　原子力発電コストの内訳

(1) 原子力発電原価内訳	
総費用	5.9　円/kWh
資本費（減価償却費、固定資産税、廃炉費用等）	2.3
運転維持費（修繕費、一般管理費、事業税等）	1.9
燃料費（核燃料サイクルコスト）	1.7
(2) 燃料費（核燃料サイクルコスト）	1.65
フロントエンド	0.74
鉱石調査、精鉱、転換	0.17
濃　縮	0.27
再転換、成型加工	0.29
再処理費	0.63
バックエンド	0.29
中間貯蔵	0.03
廃棄物処理処分	0.25

資料：総合エネルギー調査会、1999年12月
注：発電原価として、原子力5.9、水力13.6、石油火力10.2、LNG火力6.4、石炭火力6.5（円／kWh）に算定されている。

価は五・九円／kWであるが、これは財政支出を含めた単価一〇・六八円ともかけはなれて低く、原子炉設置申請時の単価二〇円ともかけはなれている。

石油火力発電の燃料費以外の資本費と運転維持費との合計は四円ほどである。一方、原発と火力発電の単位発電量当たりのレートベースの比は約四対一である。

この比率について、一九八四年のデータでは、火力発電の発電量は五七・六%、原発分は二五・五%である。これに対してレートベースに占める割合として火力発電三一・五%、原発五七・五%であり、

(31.5/57.6)：(57.5/25.5)＝0.547：2.255≒1：4

ここから推定して火力発電の四倍以上の施設費を要しているから、石油火力分四円を四倍し

て一六円。

ウラン燃料費は二・七億円／tであり、年約三〇トン使用するとして、一〇〇万kW級の稼働率を〇・六として年間の発電量から原価に占める燃料費として、

$$(270百万 \times 30\,t) \div (24 \times 365 \times 0.6 \times 10^6\,kW) = 1.54\ (円/kW)$$

フロントエンド費用〇・七四円／kWの倍以上となる。

バックエンド費用（再処理費）一一兆円を大きく上回ることはまちがいない。六ヶ所村再処理工場はトラブルが多く、工事の延長があり、事業費増をくりかえしている。

すると一kW当たりの単価（推定）として、

$$16 + 1.54 = 17.54円／kW$$

以上になる。なお、再処理やバックエンドの方法は確定していないが、放射性廃棄物・処理費用一八・八兆円を上回るとみる。

原子炉取得申請時の二〇円／kWは、ほぼ現実に近い値と考えられる（近藤邦明『電力化亡国論』）。

　各電力会社は処理費用の全てを負担するわけでなく、別組織が負担をしている。そして、単価には財政負担が入る。将来的には長期の処理費用が生じ、廃炉費用も加わる。

原発単価は火力発電を大きく上回る。

三　核燃料サイクルの破綻

核燃料サイクルは核燃料を原発で利用するだけでなく、発電過程で生じるウランから生成されるプルトニウムを再処理して抽出し、これに劣化ウランを混ぜて混合酸化物（ＭＯＸ）に加工し、再び原発で再利用する。これをプルサーマルと呼ぶ。また、生じたプルトニウムを高速増殖炉で燃やして再利用するのが高速増殖炉である。略図を示す。

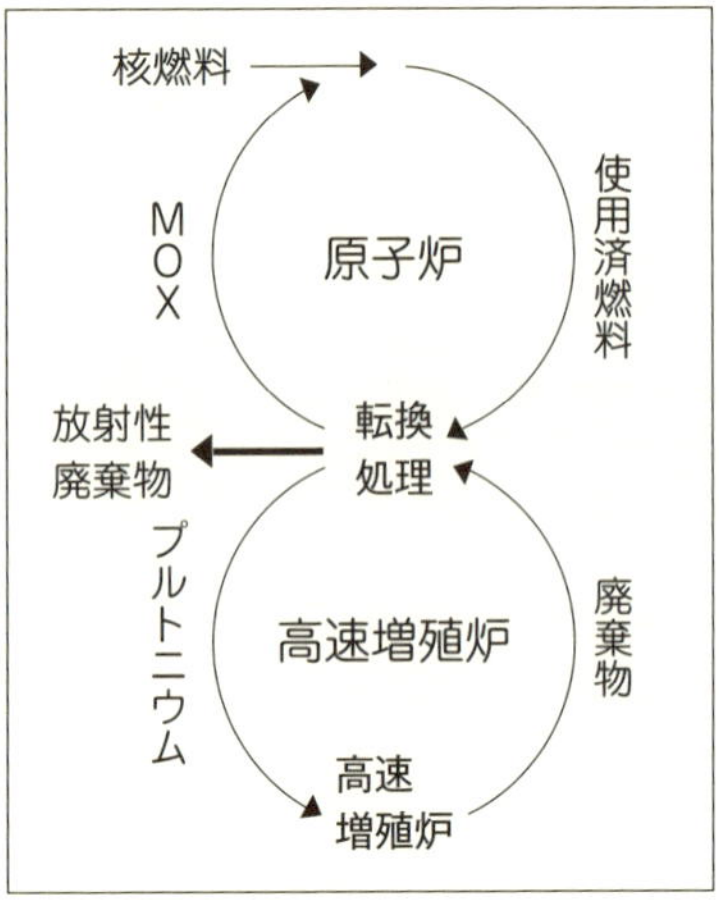

核燃料サイクル（略図）

放射性廃棄物は捨てる所がないだけでなく、高速増殖炉は破綻している。

・プルトニウムと高レベル廃棄物を含んだ使用済燃料を処理して取り出す計画であったが、六ヶ所村の事業は行きづまっている。

・六ヶ所村以外に放射性廃棄物を受け入れる所がない。

・プルトニウムを有効利用するという「もんじゅ」は破綻している。

・ＭＯＸを使い、原子炉で再稼働して生じた放射性廃棄物も捨てる所がない。
根本的問題は放射性廃棄物を捨てる所がないことである。

（二）行き場のない放射性廃棄物

六ヶ所村の再処理工場の建設費用は一九七九年に約六九〇〇億円であったが、八九年には約二兆一四〇〇億円にふくらんだ。

全国の原発からの使用済燃料の貯蔵プール（容量三〇〇〇〇トン）が限界に近く、各原発の容積占有率も二〇一一年三月で六八％と限界に近い。

高レベル放射性廃棄物は常に崩壊熱を出すので冷却を続けなければならない。そのためにガラス溶融炉によりガラス固化する。しかし、

・放射性廃液には白金族（ルテニウム、ロジウムなど）の重い金属があり、溶融炉の下部につまってしまい処理が進まない。

・高い熱と放射線を出し続けるので、時間がたつとガラスはヒビ割れする。加熱とα線からのヘリウムガスがガラス内部にたまり、ガラス固化体は崩れてしまう。

再処理の一般的危険として、

・加熱した硝酸の液に使用済燃料を溶かした有機溶剤によってウランとプルトニウムを抽出

するが、硝酸溶液には全ての放射能が出る。これを抑えられない。
・排気筒から気体状のクリプトンが全量出る。
・トリチウムが酸素と結合して水とともに海中に垂れ流される。
工程毎でも輸送、剪断（せんだん）、溶解、分離、精製、貯蔵の各プロセスでとりかえしのつかない事故が生じうる。

廃棄物について地下埋設が考えられている。
・日本中のどこでも地下水位が高く、地下からの水が汚染されて地上に出てくることがある。
・六ヶ所村の場合、地盤が悪く、敷地内に断層がある。地殻変動により大きな事故となりうる。他でも似た状況である。

要するに高レベル放射性廃棄物は国内に捨てる所がない。海外でも同じである。六ヶ所村は中間貯蔵所であって最終処分地でない。処分地も処分方法も確定しないまま発電をしてきた。根本的欠陥である。

プルサーマルにより超ウラン核種（プルトニウム、ネプツニウム、アメリシウムなど）が多く生成されるが、その毒性もなくせない。原子特有の動きであるからである。

(二) 高速増殖炉のウソ

ウランの中には核分裂するU235が約〇・七%と、核分裂しないU238があり、炉内で中性子をぶつけると、U235が分裂して熱を出し、これを水を通して取り出すのが通常の原子炉である。このプロセスでU235は核分裂して熱量を出すが、U238はPu239に変る。

ここで中性子を減速しないようにするため液体のナトリウムを通じてU238にぶつけるとP239に変り、核分裂の効率は落ちるが、その分だけPu239が増殖される。

燃えないU238が中性子を吸収してPuに変る。燃やして消費したPuより、Uが変換して発生するPuが多い。生み出されたPuの量を、燃料として使ったPuの量で割った比率が増殖比であり、それが一を超えるとする。

高速増殖炉の特性として、

・増殖するPuを使う。
・中性子を減速させないように、液体ナトリウムを使う。
・燃料棒は密になり、燃料棒の中心温度を抑えるため細い燃料棒を使う。
・熱を炉内から取り出すためのプロセスとして、中性子→ナトリウム→核分裂→水→タービンとなり、より危険性が高い。

次の致命的欠陥がある。

・連鎖反応がナトリウム内の高速中性子で維持され、増殖が進むが、それは核反応中の毒物のPuの増殖であり、炉内から熱を取り出さないかぎり有用でない。エネルギー取得のためナトリウムと水とを使うため、危険性がきわめて高い。ナトリウムはきわめて燃えやすく、水とも激しく反応する。

・高速増殖炉には巨費（一兆円以上）を要する。

・Puは毒物であり、毒性は超長期に続く。

「もんじゅ」について次がある（小林圭二「もんじゅ破綻」、「世界」二〇一一年三月号）。

・増殖はありえない。それは毒物の増殖であり、電力を安全に取り出せない。

・一九九四年の臨界事故以後、事故続きである。九五年一二月、ナトリウム洩れ事故。二〇〇八年、五一二個あるナトリウム漏洩（ろうえい）検出器の設計ミス。一〇年八月、炉内中継装置の落下。実用化は困難である。

・一兆円以上の巨費を使っている。

・増殖炉を中核としたプルサーマルなどの原子力政策は破綻している。九五年のもんじゅ事故が証明している。

・世界も増殖炉計画から撤退している。

・もんじゅは廃炉しかない。財政危機であり、それをさける意味もある。

増殖性について基本的な点から否定されている（近藤邦明『電力化亡国論』など）。初期投入された分裂性Puを回収するまでに約一六年かかり、そのうえ炉内で発生した分裂性Puが再処理によって一〇〇％回収されることはない。効率が悪く、実際に初期投入のPuを回収するのに五五年ほどかかる。これは炉の耐用年数を超えている。

そのうえ、炉心部分の使用済燃料から分裂性Puを回収する技術は確立していない。このことは生み出されたPuを燃料として利用するために使用済燃料を取り出し、冷却・再処理するために長期間要し、そこでのプロセスでのロスも大きい。

増殖することは現実にありえない。

四　非科学性

炉内で熱中性子を一個U235にあてると核の分裂が始まる。しかし、中性子の動きは気まぐれであり次がある（高木仁三郎監修『反原発、出前します』）。

- ○・一五％は捕獲されてU236になる。
- ○・八五％は核分裂をおこし、

◦このうち一部は高速分裂して核廃棄物となる。死の灰である。
◦二・〇六個（2.42個×0.85）はエネルギーを低くして他のUにぶつかる。

・もれる。
・他の反応になる。U238→U239になる。
・熱中性子を減速させてU235にあてる。U235は核分裂をおこす（二・〇六のうち一）。
　この動きを制御しながら、分裂を続ける。

核分裂を始めると$1/10^4$秒の間、飛び出た中性子が吸収されて分裂が続く。分裂がより速く起きれば暴走となり核爆発に至る。暴走を防ぎながら、分裂を制御しつつ、熱を取り出し、水を利用し、タービンを回して電力を得る。

いいかえれば、中性子をウラン原子にあてると、
・振動して不安定になり核分裂する。
・そのまま落ちつく。
・中性子の散乱が起こり、他の原子にあたる。

この複雑な動きを完全には制御できない。中性子はきわめてきまぐれであり、質量数でいえば九〇付近と一四〇付近に多くの余分な原子ができる。その原子の例がPuやストロンチウムな

どであり、有害であり、毒性は長く続く。
生じる具体的な原子の例と半減期について、
ストロンチウム89　五二・一日
キセノン133　五・二八日
セシウム134　二・一年
プルトニウム238　八八年
プルトニウム239　二万四一〇〇年
ネプツニウム239　二・三五日
アメリシウム241　四三三年
ここで半減期がおわっても放射能がなくならない。
この危険性について、
・処理処分ができない。
・生物に有害である。
・自然災害（地震、津波、火山爆発等）によって原子炉が制御不能又は廃炉になる。
・廃炉の毒性も長期に続く。
資源を利用すれば廃物が生じる。原発については放射性廃棄物の毒性をなくすことができない。生じた原子の個有の動きであるからである。熱を出し、放射能を出しながら変っていく。このことはスリーマイル島、チェルノブイリ、福島第一原発で実証され、通常の原子炉で生じる放射性廃棄物でも日々生じている。

原子力は科学でなかった、『困難はいずれ科学技術が解決する』と安易に考えたことである。科学技術はそもそも疑うことによって成り立つ。信ずるなら、それは宗教である。その中でも原子力を科学技術と信じたことはとんでもないまちがいであった

（槌田敦『原発安楽死のすすめ』）。

廃炉の重要性は一会社の存続以上のことである。その毒性が超長期に続き、未来の生命を危険にさらす。一時期の経済性からの稼働も同じことである。

捨てられないものを作ってはいけない。平凡な論理である。巨費をかけて捨てる余裕もない。捨てる所もない。

五　東電は破綻処理すべき

福島第一原発事故に際して、政府は二〇一一年に特例を制定して「損害賠償支援機構」を新

設した。ここでの仕組として、略図（図表２－４）を示す。

・被害者や被害事業者に対する損害賠償支援をするため、東電の破綻をさけて、資金面から援助する。

・国は交付国債五兆円を発行して資金調達を助ける。

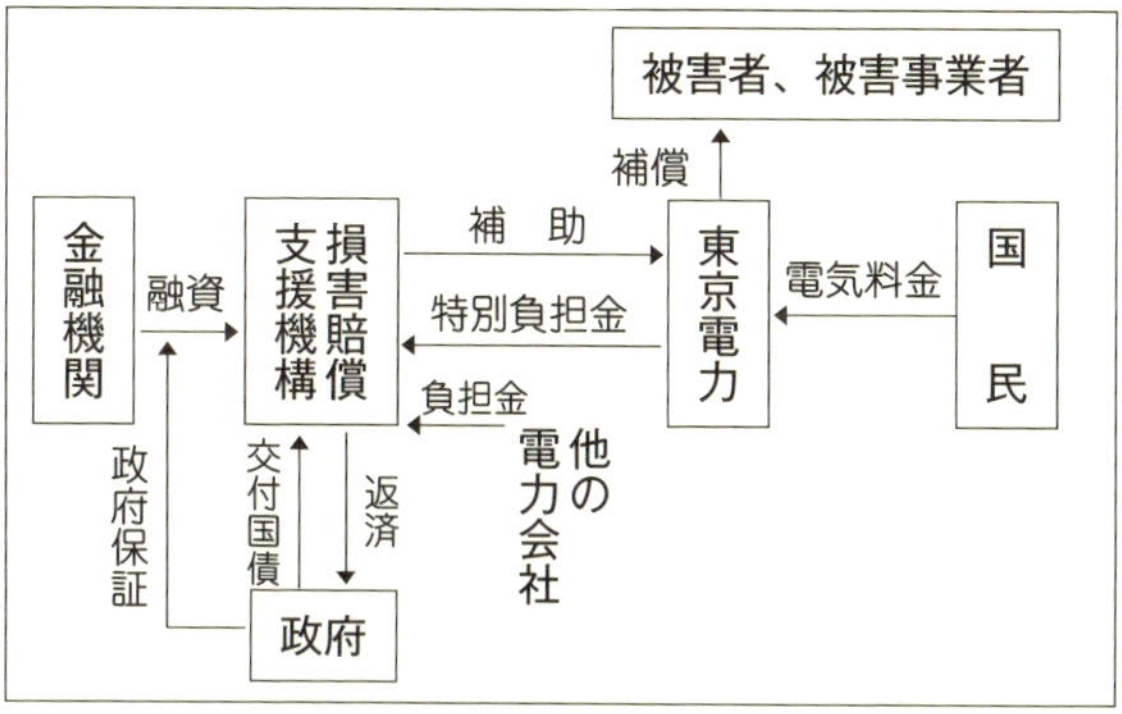

図表２－４　賠償スキーム（略図）

注：⑴2013年10月現在の支援
　政府→交付国債５兆円、補助金限度約５兆円。
　金融機関→融資（政府保証）
　他の電力会社→負担金を支払う。
⑵賠償機構は東京電力に資金援助。
⑶東京電力は賠償金を支払う。不足分は料金として国民から徴収することになる。
⑷東京電力は特別負担金として国の補助金を返済。しかし2013年10月16日、検査院はその返済期間は最長31年に及ぶとする。

・機構から資金援助を受けて東電は賠償をする。賠償金は一〇兆円を超えるとみる。

・機構に融資する金融機関に政府保証をつける。約五兆円の資金枠をつける。

・各電力会社は負担金を機構に支払う。

・東電は機構からの補助金について長期に特別負担金として返済、会計検査院は約五兆円の返済に最長三一年かかるとする（二〇一三年一〇月）。

次の欠陥がある。

・法的整理と比べて電力会社と国の負担

区分が明確でない。原子力の国策民営と似ていてあいまいな補償方式である。
・除染について一ミリシーベルト以上とするが、全体処理量、汚染物質の存置場所、最終処分方法が定まっていない。ここでも廃棄物の毒性をなくせないことがネックとなっている。
・二〇一三年一〇月でも福島第一原発の汚染水の処理が大きな問題になっている。タンクの量が増えるのみである。加えて廃炉も生じ、国への返済もますます不確実にする。
・全体賠償費用が不明確である。
・東電を一つのエネルギー産業とすると、その最終責任は事故をおこした会社にあり、それに出資した株主、好利回りの社債を引き受けした銀行等にも責任がある。ここでも、それらの責任がきわめてあいまいである。
・賠償金の支払における不足分は電気料金に上乗せられることは必至である。そのとき総括原価方式により料金として徴収されることになる。

二〇一一年に東電が破綻すれば賠償、除染、廃炉の当事者が不在になるとして破綻をさけた。そのため機構が損害の必要資金を助けることにした。総費用は約一〇兆円（確実でない）といわれ、不足分は電気料金に含まれる。全体的にみれば、国の補助金等と料金が賠償金となり、東電の責任があいまいである。

加えて、実質債務超でも株主責任も銀行の貸手責任も問われていない。

これを会社更正法による破綻処理とすれば次が実施される。
・経営責任が問われ、人件費削減、資産売却がなされる。
・株主や資金貸付の金融機関の責任も問われる。
・その後に、東電は賠償責任をはたす。
・このうえではじめて国が支援する。ここで、東電の過ちなのに「国の肩代りはとんでもない」という意見に対しては、「東電を破綻処理しなければ、株主や銀行の私的利益を守るために財政が投じられることになり、そのツケは税金や電気料金に転嫁されたり、増税されたりして国民負担は重くなる」（飯田哲也監修『原発がなくても電力は足りる』）。

あいまいな経営責任のツケは税金や料金としてはねかえる。そのうえ、原発事故の徹底した検証もなされていない。費用面のみについても、賠償費用を払うのは補助金と料金になる（なお、破綻処理で電力ストップとなるわけでない）。

六　原発に代わる新しい発電方法　コンバインド・サイクル発電

原発にかわる発電方法をとりあげる。

（一）発電方法とその仕組

力学的エネルギーを電気エネルギーに変える仕組をみる。

発電の出力は「電流×磁束×周波数」である。電磁誘導の法則であり、ある回路中に誘起される起電力はその回路を錯交する磁束が時間的に変化する割合に等しい。

エネルギー効率を増す方法として、

・水力発電　水の落下量や落下速度を増やす。
・石油火力発電　大量な石油を効率的に燃やす。
・原子力発電　核エネルギーの一部で水を蒸発させ、その蒸気力でタービンを回す。各機関での効率を上げる。全体の効率として核エネルギーを一〇〇とすると効率は約三三％、残りの六七％は熱エネルギーとして失なわれる。廃棄物の処理やサイクル処理にも新たなエネルギーを要する。

・火力発電には四つの方式がある。
①汽力発電　石炭、石油、ＬＮＧなどをボイラーで燃やし、水→蒸気と熱交換し、タービンを駆動させる。
②ガスタービン　燃焼ガスを直接タービンに吹きつける。
③内燃力発電　重油を使ってディーゼルエンジンやガスエンジンを作動させる。

④コンバインド・サイクル発電

まず、強い力でムダなくタービンを回転させることであるが、この最も有力な方式としてコンバインド・サイクル発電がある。

「天然ガス等を燃焼させてガスタービンを回す。廃熱で蒸気を作り、高温度でボイラーに送る。この蒸気を高圧、中圧、低圧と三回タービンを回す。これらの四つのタービンからエネルギーを受け取り、発電機は強力な力で回転し、効率的に電気を生み出す」(広瀬隆『二酸化炭素温暖化説の崩壊』)。

このプロセスとして、

・天然ガスを高温燃焼させてガスタービンを回す。

・廃熱を回収してボイラーに送り、蒸気とする。三つのプロセスとして、

高圧蒸気タービン

中圧蒸気タービン

低圧蒸気タービン

主な機器として、空気圧縮機、ガスタービン、排圧回収ボイラー、蒸気タービン、復水器がある。参考図(図表2－5)を示す。

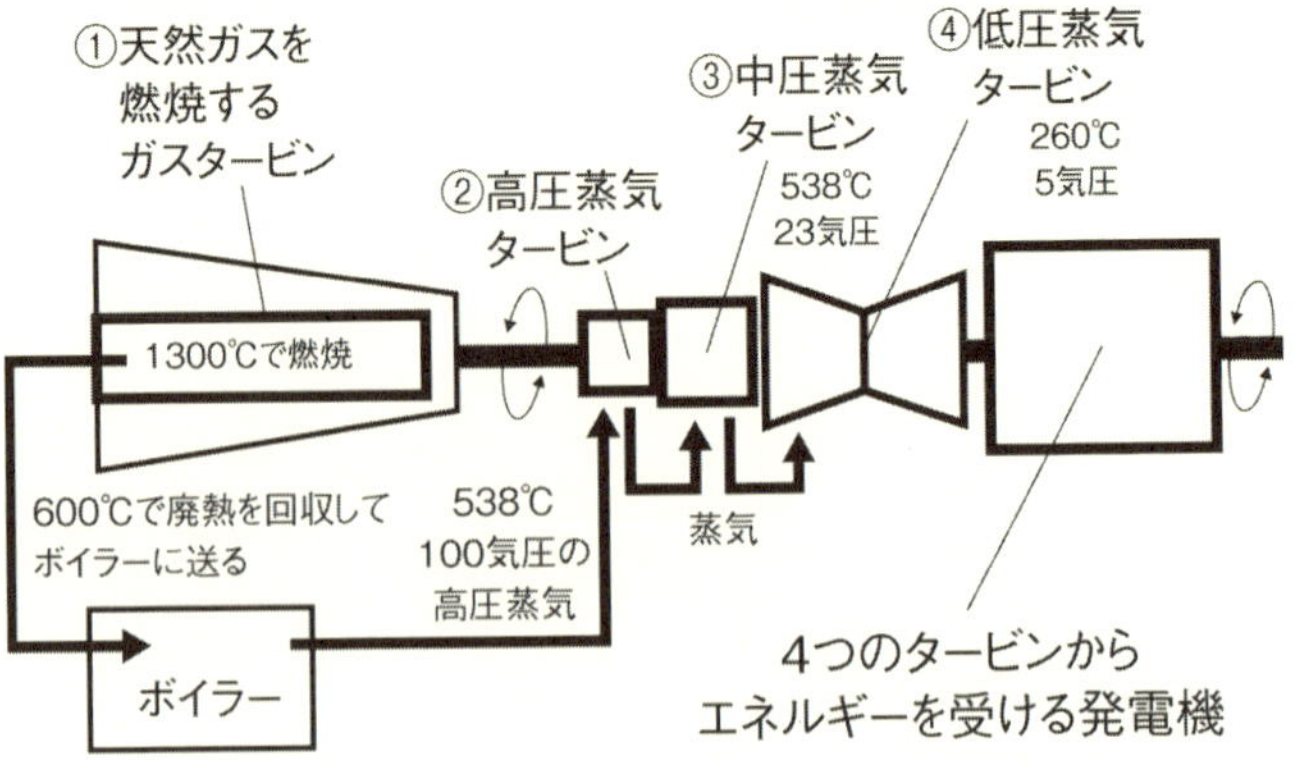

図表2－5　絵エネルギー効率が極めて高いガス・コンバインドサイクルの発電原理

出典：広瀬隆『二酸化炭素温暖化説の崩壊』（2010年）

この仕組の秀れた点は、熱落差を三度利用して熱効率を徹底的に高める点である。熱落差利用の仕組として図表2－6を示す。

その特性を示す。

・効率は六〇％ほどである。

・施設がきわめて簡単であり、消費地の近くに設置できる。長大な送電線を要しない。

・稼働に時間がかからない。必要に応じて発電機を回して必要量を供給できる。変動する需要電力量にすばやく対応できる。

・窒素酸化物、硫黄酸化物等の不純物等をほぼ完全に除去できる。

・利用する燃料として天然ガス、石油が効率的である。

石炭、石油、天然ガス中の炭素成分として、天然ガスが一番少なく、燃焼後の炭酸ガス発生量が少ない。参考として主な燃料の化学式を示す。

〔種類〕	〔化学式〕	〔空気を一とする比重〕
天然ガス	CH_4	〇・六
プロパンガス	C_2H_8	一・五
ブタン	C_4H_{10}	二・〇
石油	$(CH_2)_n$	—
石炭	$(C)_n$	—

ついで一キログラム当たりの発熱量について、水素三万四〇〇〇キロカロリー、炭素七八〇〇キロカロリーであり、水素含有分が多くなるほど発熱量が大きい。天然ガスの輸送について、冷却し液体にして体積を小さくして輸送する方法が開発されている。

今後の技術開発として一七〇〇度級のガスタービンが開発されている。

・要素技術開発→少ない空気量で効率良く冷却する。例として遮熱コーティング、耐熱材料、低NO_x燃料技術

・圧縮機、燃焼機、タービンの改良

・タービン翼冷却では蒸気と空気の両方を併用する

1300℃　天然ガス等により高温を得てガスタービンを回す。
└ ガスタービン
　(600 ～ 260℃)
　├ 高圧
　├ 中圧
　└ 低圧

図表２－６　コンバインド・サイクル発電の熱落差利用

注：(1)熱落差を大きくして効率を上げる。
(2)熱エネルギー→力学的エネルギー→電気エネルギー
(3)熱効率＝$\frac{\text{発生電気エネルギー}}{\text{燃料の発熱量}}$
(4)最終の廃熱も利用しうる。

将来的にはシェールガスなどが期待できる。

（二）安全かつ安価な発電コスト

現在開発中であり、コストは下がりつつある。
建設コストを原発（一〇〇万kW級、約二五〇〇億円）と同等なものに換算して約四分の一である（確定的でない）。

年間の原発の発電量を約二八〇〇億kWとみて開発総コストを比較する。

2800億kW÷（100万kW×24×365）

＝（280×10^9）÷（10^6×8760）＝0.031×10^3＝31基

（2500億円÷4）×31基＝1.9兆円

この費用で原発の発電量（二八〇〇億kW）を賄える計算になる。費用上の比較は明らかである。

これ以外の主な費用として次があり、原発に比して安価で安全である。

原発→廃棄物処理費、ウラン取得費、廃炉費用など

コンバインドサイクル発電→天燃ガス取得費

最新型ではガスタービン部分で一五〇〇度の高温度からタービン出口の六〇〇度まで熱エネルギーを利用し、効率は三九％ほどである。

さらに高圧、中圧、低圧の蒸気タービンを回し、効率は二〇％となり、全体では約五九％の熱効率となる。生じた廃ガスも害はない。

シェールガス、メタンハイドレートなど安く埋蔵量の多いガスが期待できる。埋蔵量について当分枯渇しない量がある。原発に頼る必要はない。

三章　間近に迫る国債暴落とインフレ危機

一　増発される国債

一九六五年度の国債の発行は、当初はケインズ財政論によるとみられた。

ケインズの有効需要原理は次である。一国の雇用水準は消費と投資からなる有効需要の大きさから規定される。消費は消費性向に依存する。通常、安定的であるので、需要と所得の水準は主として投資需要の変動から決められ、民間投資は投資誘因に依存し、投資誘因は資本の限界効率と利子率による。利子率は貨幣量と流動性選好により規定され、資本の限界効率は資本資産の供給価格と見込収益により規定される。政府投資は政府の意志決定と予算による。

これを所得の循環としてみる。

所得は生産、分配、支出として循環し、貯蓄に等しい投資が次の資本投下となり、経済循環が継続される。これを図示すると、

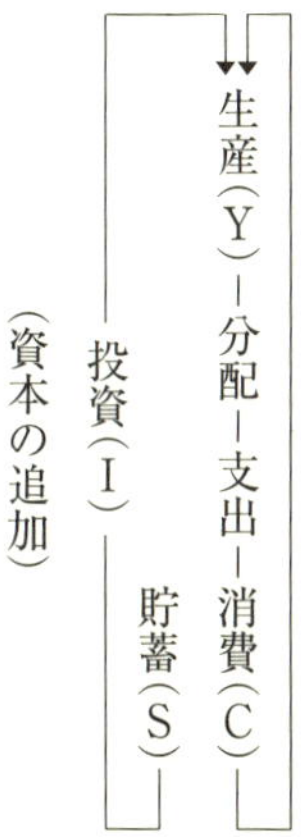

これに資本の変動が加わる。

政府の租税は企業の活動や国民の消費等の各プロセスで課税し、その財源で政府支出する。国民所得の構成をみると、消費と投資と政府支出となる。

デフレギャップの大きい不完全雇用の場合において、公債は資本の負担にならず、むしろ公債で賄われた政府支出は所得創出効果を通じて資本蓄積に役立ち、国民所得をより増大させる。これは政府支出による雇用・所得の創出効果と呼ばれる。特にその支出が公共事業に支出される場合には、社会全体では公債という負債に見合う資産（橋、ダム、道路など）を持つことになり、需要効果をもつだけでなく、生産力効果を持ち、社会の生産構造を強くして大きく経済成長に資する。将来の公債負担は大きくなった所得増の中から負担され、公債負担は大きな問題にならないとする。

一九七五年からはいわゆる赤字国債も出し、国債の発行は次々となされてきた。そうした国債の累増はケインズ理論とあまり関係ない。ケインズはその赤字が巨額になることを述べてお

表３－１　債務残高の推移　（単位：兆円）

区　分	2004年	2006年	2008年	2012年
国　債	626	674	680	789
借入金	59	59	57	53
政府短期証券	96	100	108	161
計	781	833	845	1003

注：⑴債務の割合（2012年）　国債79％、借入金５％、政府短期証券16％
⑵国債残高伸率（2004～12年）（789－626）／８年＝20兆円／年
20／626＝3.2％／年（年間伸率）
⑶2014年1月27日、財務省は借金は2014年度末に最大1144兆円とした。2014年度に新たな国債を41兆円出し、2013年末（1039兆円）より105兆円増える予定とした。

らず、負債は好況期に完済することを前提とする。

日本の現在の財政赤字はその理論に全く即していない。理論と関係なく次々と累増してきた。一九六六年度に赤字国債の発行を特例法で解禁してきた。それは税収が増えても減ることはなく、一貫して増大してきた。

二〇〇〇年国債残高は三〇〇兆円を超えた。

二〇一〇年には国債発行額が税収を上回るようになり、二〇一二年国債を含む債務残高は一〇〇〇兆円を超え、そのうちの国債の残高は約七八九兆円となる。債務の推移（表３－１）を示す。さらに過去の債務の細目（図３－２）と、政府債務残高とＧＤＰとの比率（図３－３）を示す。

債務残高は増える一方で減ることがない。好況時でも増えてきた。ＧＤＰ比では二〇〇％を超えて、先進国の中でも最悪である。

さらに国のバランス・シート（一般会計分、二〇〇九年度末、単位兆円）をみる。

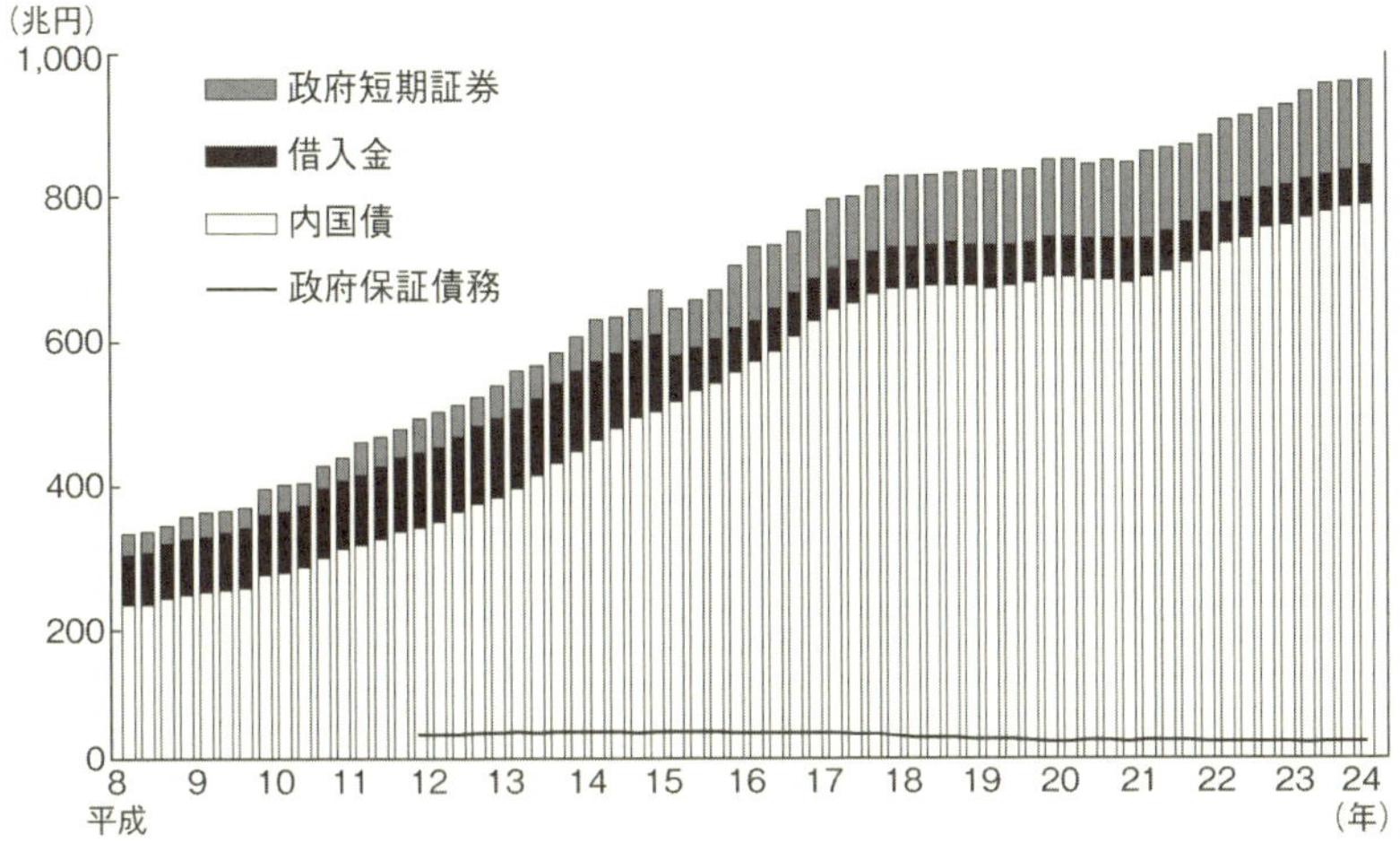

図３－２　国債および借入金ならびに政府保証債務残高

原典：財務省「国債及び借入金並びに政府保証債務現在高」
出典：三菱東京ＵＦＪ銀行『国債のすべて』(2012年)

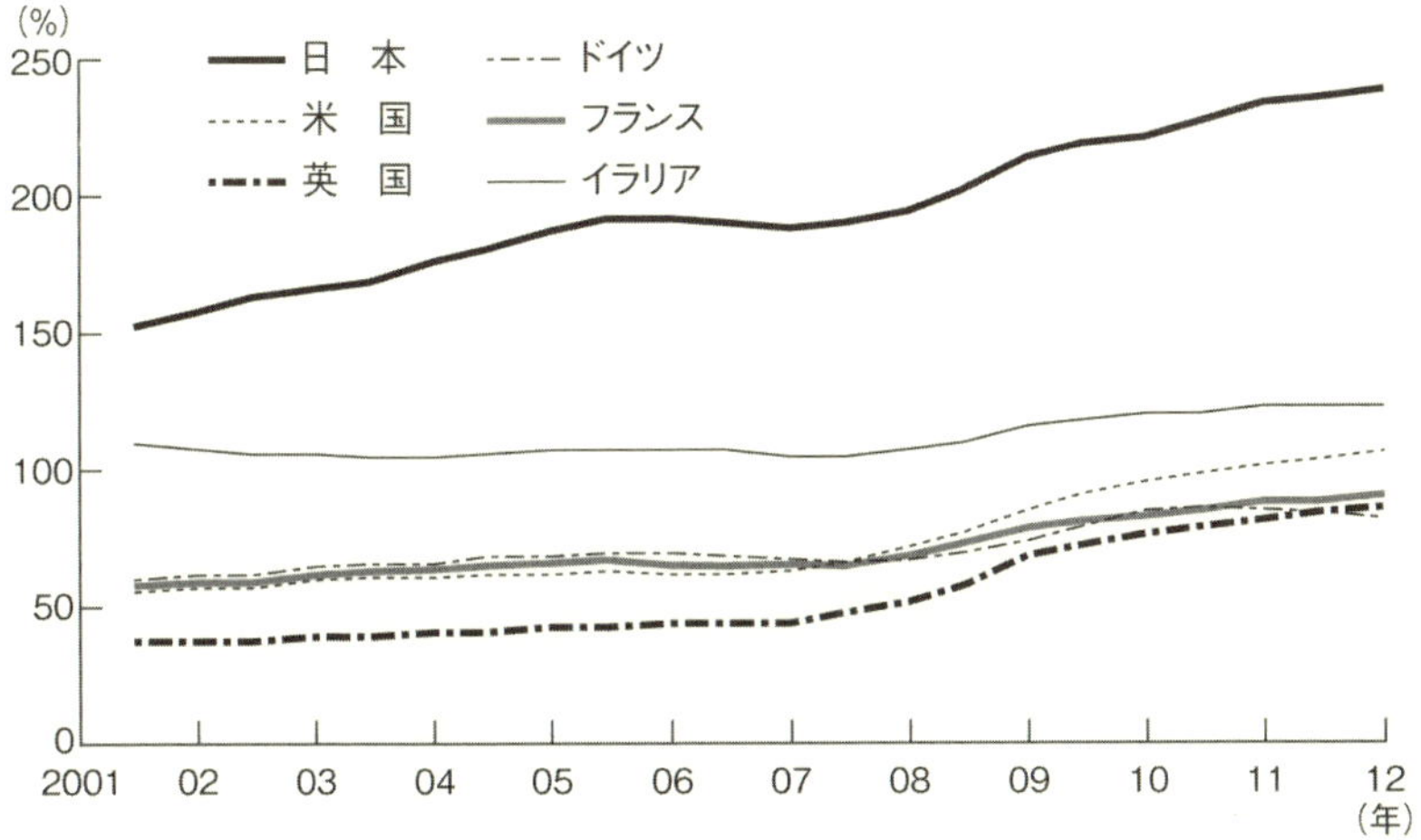

図３－３　政府債務残高 ÷ 名目ＧＤＰ

原典：ＩＭＦより三菱東京ＵＦＪ作成
出典：三菱東京ＵＦＪ銀行『国債のすべて』(2012年)

一般会計バランス・シート

2009年度末　　（単位：兆円）

資産		負債	
資金		未払金	3
現金預金	8	公債金	598
有価証券	0	借入金	18
その他	10	退職給与引当金	11
有形固定資産	171	その他	20
出資金	36		
国債整理基金	28		
その他	6		
計	260	390	
		計	650

注：(1)資産－負債＝△390
(2)計は四捨五入のため一致しない。

通常の企業会計では破綻の状況であり、ありえない。なお、有形固定資産（一七一兆円）のうち、公共用資産が一四四兆円あるが、これらの大部分は売却できず、国債の支弁にあてられない。加えて有形固定資産には減価償却費が必要となる。

二　増発の背景とそのリスク

(a) 景気対策

景気が停滞すると財政支出の増大が当たり前のように主張されてきた。その理由として、不況、経常収支赤字、経済成長鈍化、震災対策、減税による需要拡大などとしてきた。

その一方で国債の削減はなされなかった。

一九九〇年代の景気対策等を示す（富田俊基『国債累増のつけを誰が払うのか』）。

一九九二年八月　総合景気対策　一〇兆円
九三年四月　〃　一三兆円

九三年九月　緊急景気対策　六兆円
九四年二月　総合経済対策　一五兆円
九五年四月　緊急円高対策　七兆円
九五年九月　経済対策　一四兆円
九八年四月　総合経済対策　一六兆円
九八年一一月　緊急経済対策　二四兆円

これらの対策が通常の予算以外に実施されてきた。

国債の削減は財政支出の削減となり、支出の増大を求める政治家、官僚、地元住民、受注業者から支持されない。その利害が減少するからである。一方、国債の引受けは家計や金融機関にとって安全で好利回りの債券として選好されてきた。税と異なり、深刻な利害対立を生じない。発行分は全て消化されてきた。

（b）公共投資の増大

トゥー・リトル、トゥー・レイト（too little, too late）といっては、より規模の大きな公共投資が実施されてきた。

公共投資が息切れする、乗数効果が低下するからと規模拡大が求められ、その効果が少ないからとして大きな投資がなされてきた。

公共投資の中でも道路が大きな割合を占めてきた。そこでは、その収支が重要視されてこなかった。費用対効果も軽視された。資金の回収が不確実である。

（c）国債引受けと増税

主な国債の引受け先は家計と金融機関である。今までその暴落がなく、元金の保証があり好利回りの債券として引受けされてきた。他の投資対象が少ないからである。

一方、国債にかわっての財源を所得税、法人税、消費税等とする場合、その引き上げは深刻な利害対立を生じ、特に増税の場合は納税者の反対できわめて実施されにくい。企業も反対し、常に引き下げを求めてきた。

公共投資の増大などの財政支出の増大は国会議員、官僚、地元市町村、受注業者、地元民などから支持される。特に国会議員は選挙時に選挙民の不利となることを言わない。

こうした財源と支出にからむ利害構造から国債による財政支出が選好され、増税は実施されにくい。消費税の増税にあたっても減税、公共投資の増大、各種手当の増額が併せて実施される。赤字構造は増大するばかりとなる。再建は先送りされてきた。

（d）財政改革法

プライマリーバランスを黒字化する、国債残高をGDP以下にするなどの財政改革法が作られてもきちんと実行されてこなかった。全く関係なく予算が組まれたこともある。

（e）国債暴落の可能性

国会議員も国民も国債暴落や金利上昇を真剣に考えなかった。政府の破綻はなく、国債は必ず支払われると考えてきた傾向がある。

最近の税収を四〇兆円、国債残高を八〇〇兆円とすると、その比率は二〇倍、GDPを四八〇兆円とすると、その比率は一・六倍になる。破綻的である。市場が国債の信用力に疑いをもてば、多くの人や機関が国債を売る。

（f）国債負担

国債の負担は最終的に国民負担となることがはっきり理解されていない。例えば年金の支払停止、各種窓口の閉鎖、道路の補修がなされない。将来負担も国民が背負うことになる。

そして国債を担保するのは徴税力のみである。

・国債暴落――政府活動が止まる。財政支出が賄えない。国民の生活が破壊される。特に低額所得者に大きな影響がある。
・国債を持っている人、金融機関に大きな赤字が生じる。
・金利が上昇し、国債の元利金増大が生じ、大部分の政府活動が止まる。
・年金資金の余裕金は二〇一二年度末で国債を約六七兆円持つが、その大幅な欠損が生じる。年金の支払に支障が生じる。
・国の信用そのものが失われ、大幅な円安が生じる。円安はインフレをより加速する。石油、鉱物資源、食料の一部が大幅に値上がりする。これらは企業の国際競争力を大幅に落とす。外国からの投資が止まる。経常収支が赤字となる。
・日銀による国債引受けはインフレをより加速させる。国力そのものが弱体化する。国債引受けはマイナス面が大きい。

（g）建設国債と赤字国債

建設国債と赤字国債に分けているが、その性質は同じである。建設国債により公共投資をしても、道路やダムは市場で売れない。

さらに建設国債による公共投資でも、
・将来世代はその元利金を支払う必要がある。
・社会資本を売って国債の元利払に充てられない。

・社会資本は将来世代に各種の利便性をもたらすが、橋、道路、トンネル、ダム、港湾などは経年により確実に劣化する。そのため維持管理費用と耐用年数到来による大規模な投資が必要になる。これは財政悪化を加速する。現金会計で引当金を持っていない。
・社会資本が巨額である。後年度の負担が大きい。

（h）国会議員の対応

議員が真剣に考えてきたようにとれない。
・社会保障費は増大一方となる。
・公共投資や防衛費を削って支出を削減せよとする者は少ない。
・増税や歳出削減なしでも財政はなんとかなると考えているようである。それは現状認識でない。そのうえ、
。所得税、法人税は大きな利害対立を生じる。増税に賛成する人は少ない。
。消費増税には逆進性がある。加えて消費そのものを減らす作用がある。
・小さな政府を主張する政党はない。アメリカ下院の共和党のように借金を削れとする政党はない。それは政府のデフォルトにつながるが、一面では正論である。これ以上の赤字の増大は許されない。財政そのものに破綻の可能性があるからである。あるのは先送りである。

最近の財政収入　（単位：兆円）

	2011 年度補正後	2012 年度当初	差
所得税	13.4	13.5	0.1
法人税	8.8	8.8	0
相続税	1.4	1.4	0
消費税	10.2	10.4	0.2
酒　税	1.3	1.3	0
たばこ税	0.9	0.9	0
揮発油税	2.6	2.6	0
石油ガス税	0	0	0
航空機燃料税	0	0	0
石油・石炭税	0.5	0.5	0
電源開発促進税	0.3	0.3	0
自動車重量税	0.4	0.4	0
関　税	0.8	0.9	0.1
とん税	0	0	0
印紙収入	1.1	1.0	△ 0.1
計	42.0	42.3	0.3

注：計は端数整理のため一致しない

(i) 国債のつけは国民が払う

国債のつけは国民が払わざるをえない。国債は国への信用のもとで発行され、引受けされる。その暴落は国民に降りかかる。

インフレにした場合では税と似た作用をもたらしてくる。国債を持っている人には欠損が生じ、インフレは国民生活を破壊するようになる。過去に多くの例がある。戦前、貨幣の信用膨張に歯止めなく、ハイパーインフレとなった。戦後でも各国に例が多い。ギリシアのみでない。

三　厳しい財政収入

最近の財政収入（一般会計）をみる。

大きな割合を占めるのは所得税、法人税、消費税である。それぞれの割合をみる。

二〇一二年度において一般会計歳入計九〇・三兆円のうち、税収が四二・三兆円、その他収入三・七兆円、公債が四四・二兆円である。税収より公債収入の方が大きい。44.2／90.3＝48.9％にもなる。歳入の推移（図３－４）で示す。

主要な税収である所得税、法人税、消費税の推移（図３－５）を示す。

・公債依存度が五〇％に近い。

・所得税収、法人税収、消費税収は最近ではほとんど変っていない。三税で三三兆円ほどにすぎない。

・国債残高は増える一方であり、二〇一二年でも七八九兆円になる。七八九兆円を四二兆円で除すと、一九倍ほどになる。

二〇一二年度以前についてみると、税制改革、不況対策等として大きく税収を減らしてきた。その一方で国債残高は増える一方である。主要な税収の推移（決算。表）を示す（小此木潔『消費税をどうするか』）。

財政収入の割合

（単位：％）

	2011年度	2012年度
所得税	31.9	31.9
法人税	20.9	20.8
消費税	24.2	24.5
計	77.0	77.2

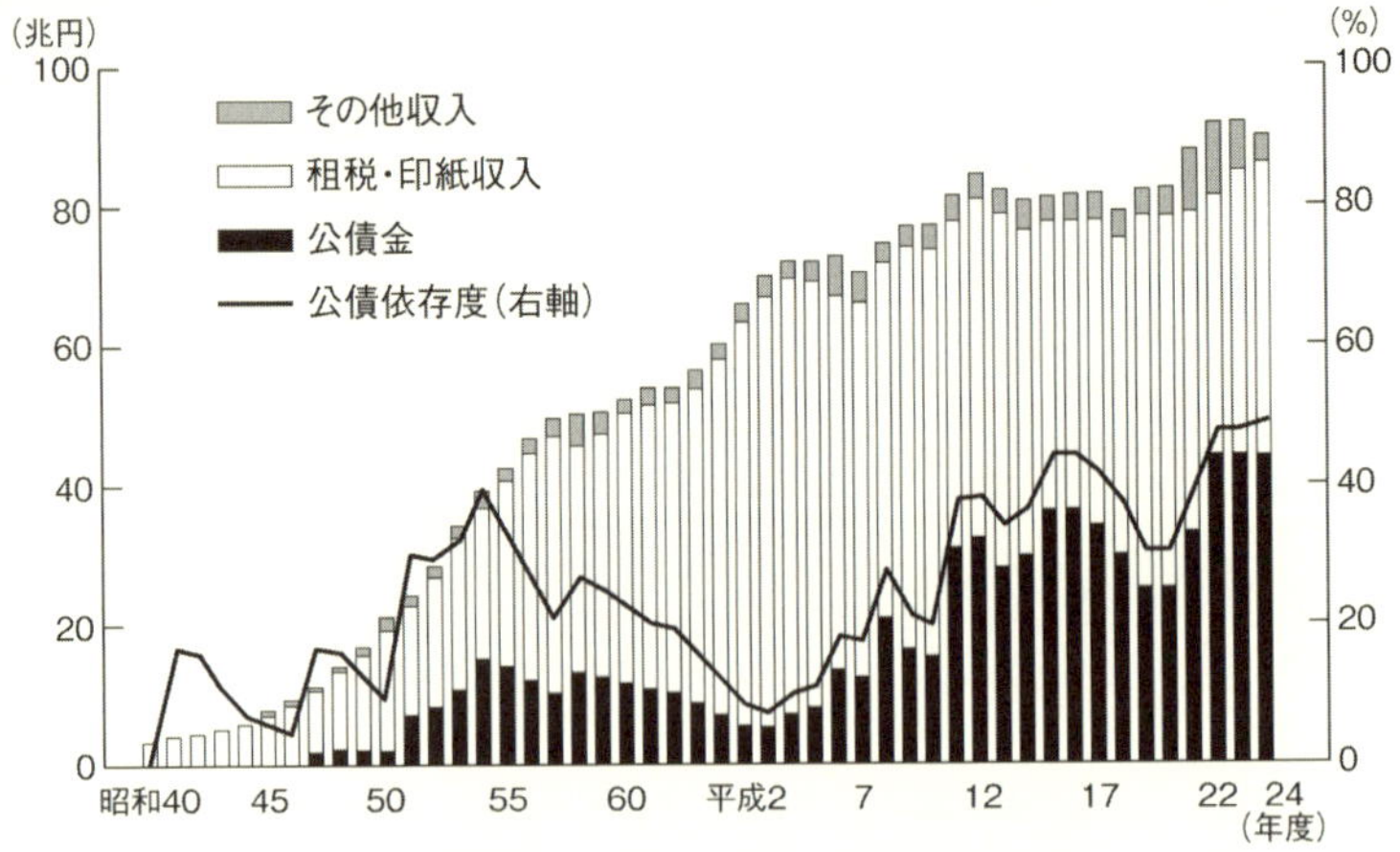

図3－4　一般会計の歳入の推移

原典：財務省「平成24年度予算」
出典：東京三菱 UFJ 銀行『国債の全て』2012年

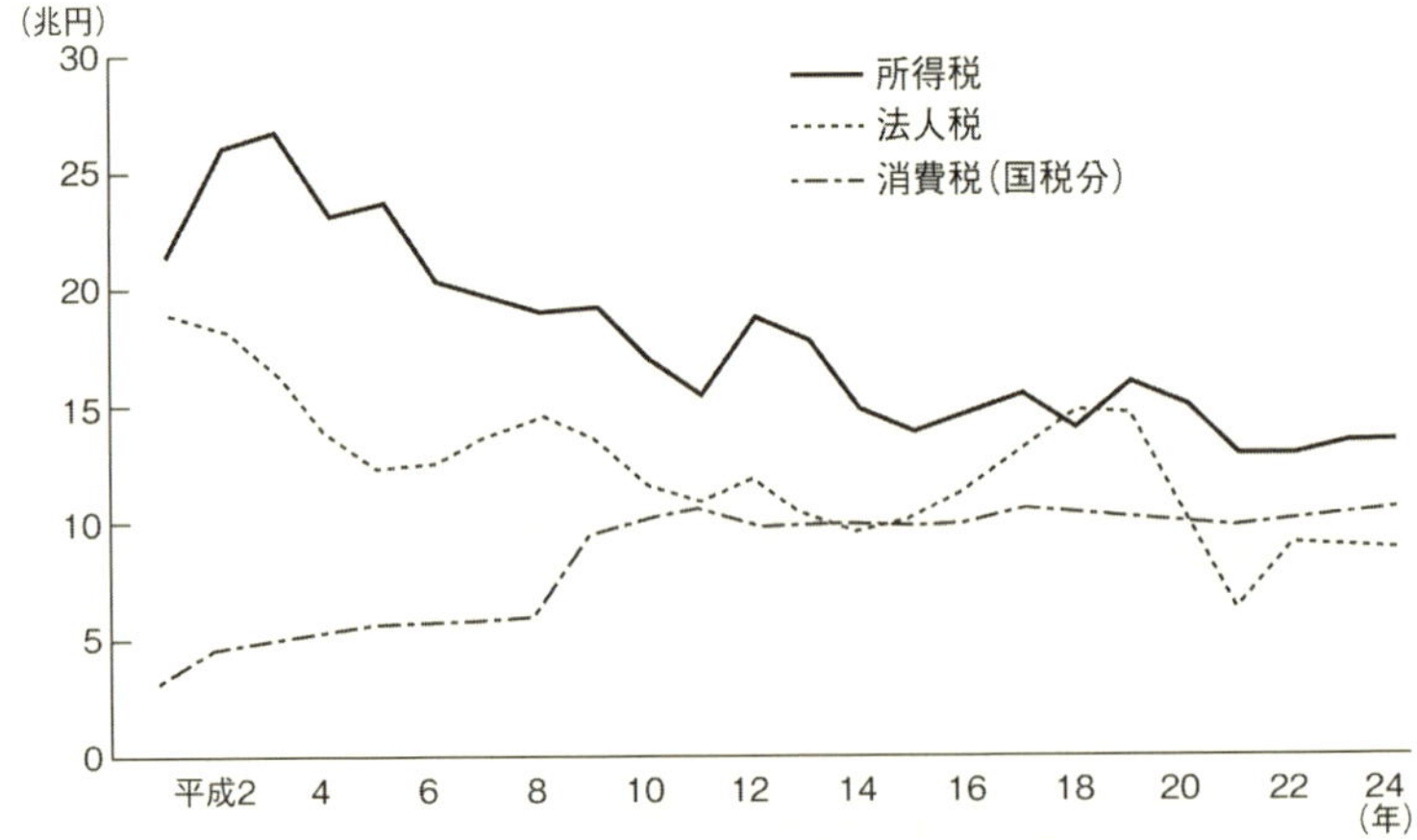

図3－5　所得税収・法人税収・消費税収の推移

注：平成22年度までは決算、平成23年度は補正予算、平成24年度は当初予算ベース。
原典：財務省「平成24年度予算」
出典：東京三菱 UFJ 銀行『国債の全て』2012年

法人税率の引きげがなされてきた。

一九八九年　四〇％
一九九〇年　三七・五％
一九九八年　三四・五％
一九九九年　三〇％
二〇一一年　二五・五％（復興特別法人税、二〇一三年度終了予定）

となっている。これ以外にも各種の特別措置がなされてきた。加えて赤字法人が多い。

所得税についても消費税導入前と比べて最高税率が七〇％→四〇％になり、税率のきざみも一五→六へと大幅に減らされてきた。

これにデフレ等の景気変動が加わった。

四　増え続ける歳出

歳出（一般会計）は常に増加傾向にある。二〇一〇年度以降は八〇兆円を上回る。その中で大きな割合を占めるものは社会保障関係費、国債費、地方交付金、公共事業費、防衛関係費である。二〇一二年度の当初予算枠を示す。

表　主要な財政の推移　（単位：兆円）

	1990年度	1997年度	2004年度
所得税	26.0	19.2	14.7
法人税	18.4	13.5	11.4
消費税	4.6	9.3	10.0
その他	11.1	11.9	9.5
計	60.1	53.9	45.6

社会保障関係費	二六・四兆円	二九・二％
国債費	二一・九兆円	二四・三％
地方交付金	一六・六兆円	一八・四％
公共事業費	四・六兆円	五・一％
防衛関係費	四・七兆円	五・二％
その他	一六・一兆円	一七・八％
〔計〕	九〇・三兆円	一〇〇・〇％

国債費の伸びは著しく、二一・九兆円のうち、

債務償還費	一二・一兆円	（前年度残高一・六％ほどを計上する。六〇年償還ルールである）
利子及び割引料	九・八兆円	
国債事務取扱費	〇・〇一兆円	
〔計〕	二一・九兆円	

債務償還額、利子とも急上昇している。しかし国債残高の増加があっても利子率の低いことが利息の増加を抑えている。新発の長期国債の利子率は二〇〇〇年度以降一％内外である。

五　プライマリーバランスからわかる経済危機

財政の状況を示す尺度としてプライマリーバランス（ＰＢ）がある。ＰＢは基礎的財政収支ともいわれる。通常の財政収支は税収等から歳出を引いたものになるが、ＰＢでは税収等から一般歳出（歳出総額から借入に対する償還及び利子を除いたもの）を引いた収支を示す。

二〇〇八年度についてみると、財政収支は△二五・七兆円、ＰＢ赤字は五・二兆円になる（図、「平成二〇年度版　日本の財政」）。

このＰＢがバランスすることは一般歳出が借入に頼らず、税収のみで賄える状態となる。借入は国債費に充てられるから、国債費は利払費のみが増大する。

ＰＢが均衡すると債務残高対ＧＤＰ比が一定になる。すなわち、ＧＤＰに対する債務残高の割合が一定に保たれる。さらに安定的に低下するためには、

図　一般会計（2008年度）

（単位：兆円）

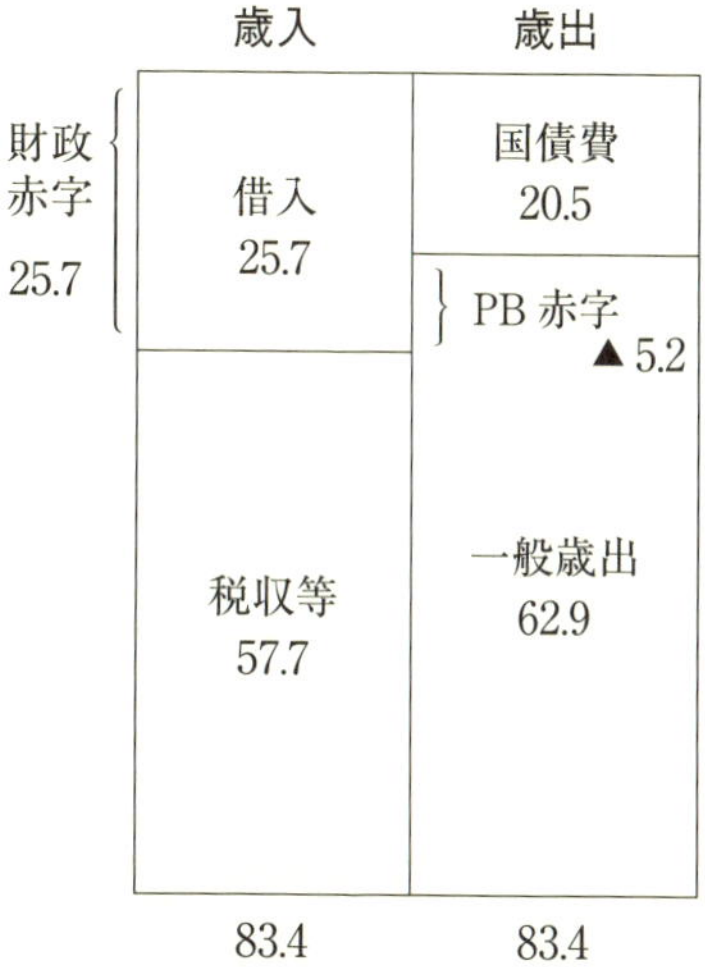

注：57.7－62.9＝△5.2（PB 赤字）

$$\text{債務残高／ＧＤＰ} \geqq \frac{\text{次年度の債務残高}}{\text{次年度のＧＤＰ}}$$

右辺図は、

$$\frac{\text{債務残高＋利払費－ＰＢ黒字}}{\text{次年度のＧＤＰ}}$$

と変形される。

いずれにしてもＰＢ黒字化のためには、

・収入を増やす。

・支出を減らす。

・ＧＤＰを大きくする。

・利払費と償還額を減らす。

しかし、支出を減らせばＧＤＰは小さくなり、税収の増大は投資や消費に影響するように、一つの行動が金利、投資、消費、ＧＤＰなどに多角的に作用する。歳入、歳出、金利などを一体的に処理することが求められる。しかし、ＰＢの黒字化のための方策は困難であるが平凡である。

ＰＢ対ＧＤＰ比率をみても、二〇一〇年において日本は米国、英国、ドイツ、フランス、イタリアより悪く、その値は約△七％で最悪である。

国債への信認があるうちに断固とした政策が早急に求められる。

市場が国債は危ないとしてからでは遅い。国債の引受け手が少なくなり、国債が暴落するからである。金利の引上げは国債費を上昇させて再建をより困難にする。

六　国債の保有と負担

(一)　国債は買われ続けるのか

二〇一一年一二月現在で政府債務現在高は九八八兆円であり、その内訳として、

内国債	七八二兆円	九五八兆円
借入金	五二兆円	
政府短期証券	一二四兆円	

一九九〇年一二月では二二二兆円であったから、二〇年間で四・三倍にもなっている。

これを一般会計のB／Sでみる。二〇〇九年度末でみると資産合計は二六〇兆円であるにもかかわらず、負債は六五〇兆円であり、

260－650＝△390兆円

となる。参考までに「一般会計・特別会計」のB／Sでみると、資産六四七兆円、負債は一〇一九兆円であるので、

647－1019＝△372兆円

となる。通常の企業会計では破綻である。さらに一般会計の資産のうち有形固定資産が約一七一兆円あるが、これは他に売れないものであり、国債の支払には充当できない。

財投債を含む国債として九一九兆円（二〇一一年一二月）あり、その保有先として大部分が国内で保有されている。銀行等は約一四一兆円、ゆうちょ銀行一四二兆円である。その他保険年金基金の保有が多い。

銀行の保有が多いのは景気低速により貸出が減り、国債投資に振り向けてきたものであり、ゆうちょと年金基金は政府機関に近いものであり、安全性から購入している。

二〇一〇年度でみると、保有の多い順として、預金取扱金融機関、保険年金基金、一般政府、中央銀行、海外、その他金融機関、家計である。海外保有先として二〇〇〇年代では約五・五

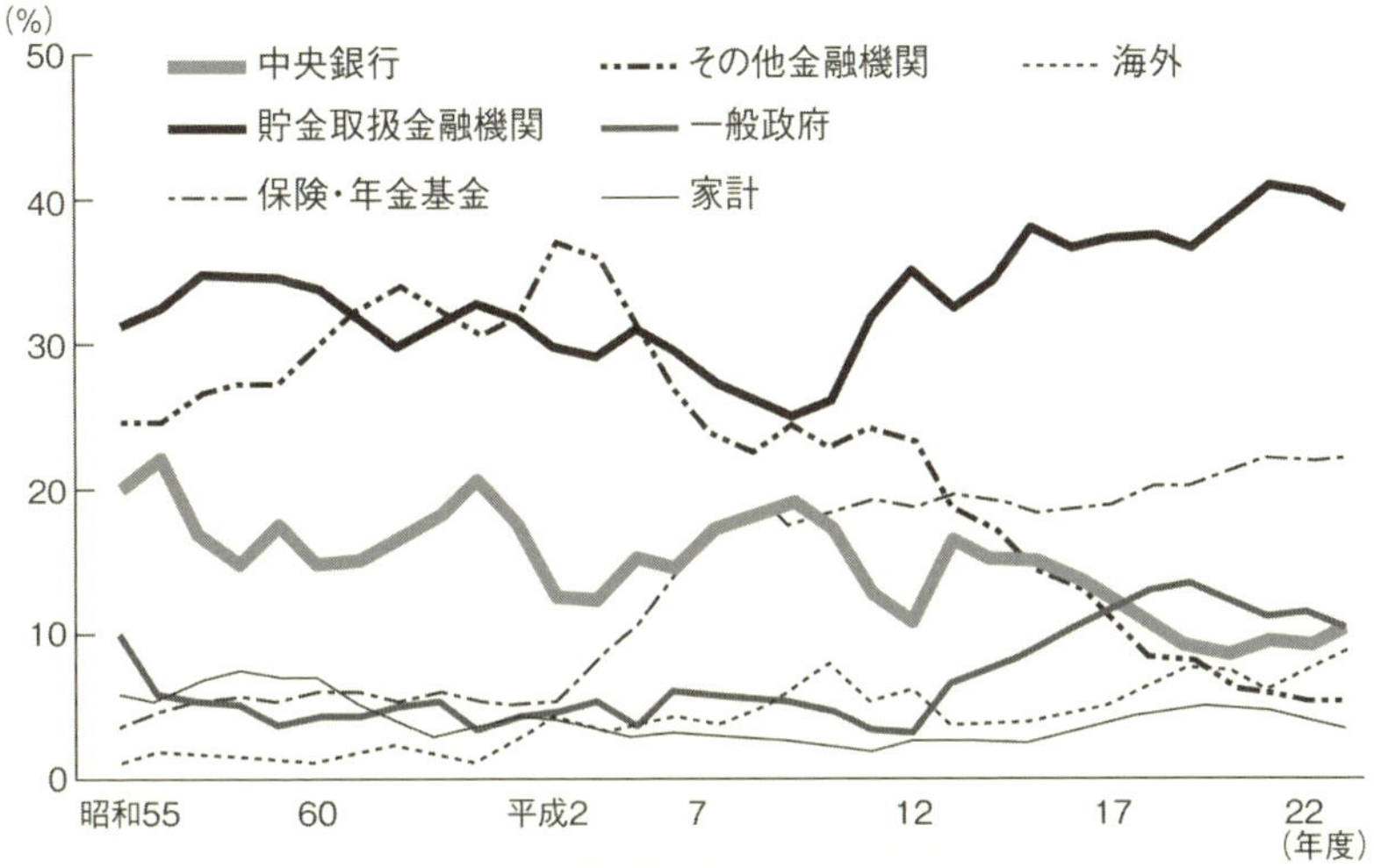

図３－６　国債の保有者別シェアの推移

注：『その他金融機関』のシェア低下は、旧資金運用部保有分の残高減少が影響

原典：日本銀行「資金循環統計」

出典：三菱東京ＵＦＪ銀行『国債のすべて』(2012年)

%と少ない。

国債の保有者別シェア推移表（図表３－６）を示す。

同様なことが資金循環（図表３－７）から分析される。

二〇〇〇年と二〇一一年の国債保有を比較する（表）。

家計が直接保有している分は少なく、大部分の資金は預金取扱機関と保険年金

表　国債保有の比較　（単位：兆円）

	2000年	2011年
家　　計	9	28
保険年金基金	81	201
預金取扱基金	146	357
計		586

表　預金保険機関(銀行等)の比較

（単位：兆円）

	2000年	2011年	差
現預金	146	184	38
貸　出	723	648	△75
国　債	146	357	211

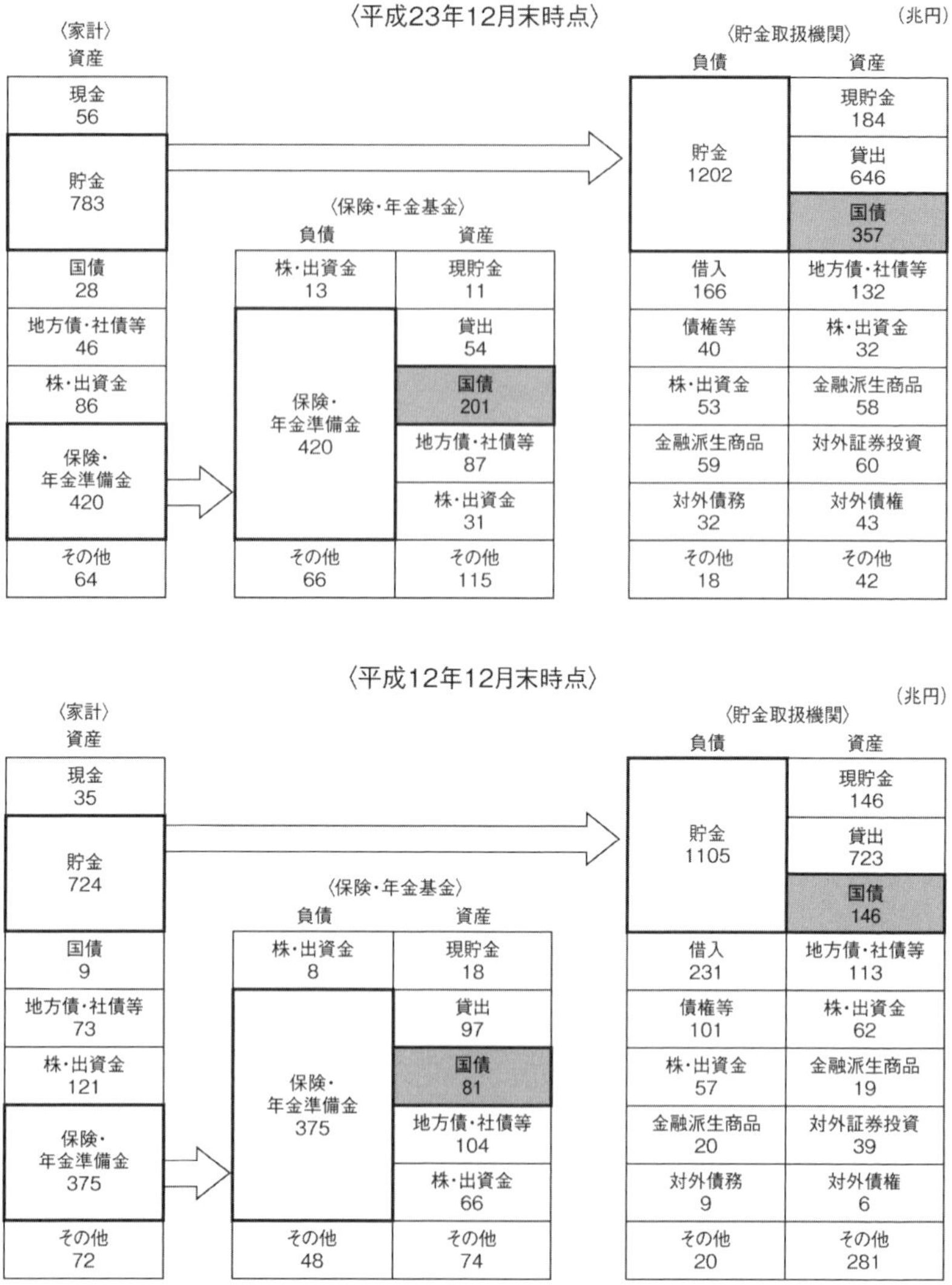
〈平成23年12月末時点〉
(兆円)
〈家計〉
資産
現金 56
貯金 783
国債 28
地方債・社債等 46
株・出資金 86
保険・年金準備金 420
その他 64
〈保険・年金基金〉
負債
資産
株・出資金 13
保険・年金準備金 420
その他 66
現貯金 11
貸出 54
国債 201
地方債・社債等 87
株・出資金 31
その他 115
〈貯金取扱機関〉
負債
資産
貯金 1202
借入 166
債権等 40
株・出資金 53
金融派生商品 59
対外債務 32
その他 18
現貯金 184
貸出 646
国債 357
地方債・社債等 132
株・出資金 32
金融派生商品 58
対外証券投資 60
対外債権 43
その他 42
〈平成12年12月末時点〉
(兆円)
〈家計〉
資産
現金 35
貯金 724
国債 9
地方債・社債等 73
株・出資金 121
保険・年金準備金 375
その他 72
〈保険・年金基金〉
負債
資産
株・出資金 8
保険・年金準備金 375
その他 48
現貯金 18
貸出 97
国債 81
地方債・社債等 104
株・出資金 66
その他 74
〈貯金取扱機関〉
負債
資産
貯金 1105
借入 231
債権等 101
株・出資金 57
金融派生商品 20
対外債務 9
その他 20
現貯金 146
貸出 723
国債 146
地方債・社債等 113
株・出資金 62
金融派生商品 19
対外証券投資 39
対外債権 6
その他 281

図３－７　家計と金融機関の資産・負債構造

原典：日本銀行「資金循環統計」

出典：三菱東京ＵＦＪ銀行『国債のすべて』(2012年)

準備金に入り、そこで国債に投資されている。

預金保険機関（銀行等）について二〇〇〇年と二〇一一年とを比べると（表）、預金がわずかに増えたが、貸出が減り、余裕金を国債に回している。不景気で企業等への貸出が増えていない。同様なことが保険年金準備金でもいえ、貸出が減り、国債保有額が急増している。

次のことが推定できる。
・一四〇〇兆円の家計部門の預金残高等があるから国債の消化は問題ないとするのはあやまりである。そのうちの全てが国債に充てられるわけでない。債務もあり、株や他の社債に投資されることがある。さらに家計部門の負債が約四〇〇兆円ある。
・金融機関は貸出減があり（企業の投資が少ない）、国債を買っている。貸出が増えれば国債を減らす行動に出る。
・年金基金が今後も余裕金を国債に充てられるわけでない。約二〇〇兆円の国債を減らすこともある。その理由として、
。今後高齢者が増え、給付が増える。

。年金に入らない人が増えて保険料が減少する。臨時雇いの人が増えている。

。賃金が上昇しない又は現状のままで推移して保険料が増えない。

。手持ち金の利回りが低く、他に振り向ける。

(二) 国債とは何か

①財政法第四条で「国の歳出は公債又は借入金以外の歳入を以て、その財源としなければならない」として国債発行を禁止しているが、但書きとして公共事業費、出資金及び貸付金の財源については国会の議決を経た金額の範囲内で公債を発行し、又は借入金をすることができるとする。通常、建設国債(四条国債)と呼ばれる。

しかし、建設国債も赤字国債も財政の赤字を補う債券であることは同じである。

②特例公債法に基づく国債であり、赤字国債と呼ばれる。特例公債法は不足する歳出財源を補うために特例的に単年度の赤字国債を発行を認めている。

実際には常に赤字国債が認められてきた。

③国債整理基金特別会計法に基づき発行される借換債である。六〇年の償還ルールがあり、発行から六〇年かけて償還する。一〇年の国債が満期をむかえると六〇分の一〇を償還し、残額(六〇分の五〇)は借換債にふりかえる。償還財源は一般会計から定率が繰入れされる。

借換えても債務が減るわけではない。支払の先延ばしである。

④財政投融資資金特別会計法により発行される。通常、財投債と呼ばれる。これは財源が財政投融資の回収金である。

政府の債務であることに変りがない。法律と財源が異なるのみで大きな差はない。

⑤国債の発行手続

国債に関する法律による。市中発行、個人向け、公的部門による消化がある。

・市中発行　公募入札が基本である。価格競争と非競争入札が基本。

・個人向け　固定金利三年、一〇年があり、さらに変動金利一〇年債がある。

・公的部門の引受け

財政法第五条は日銀の国債引受けを禁止しているが、但書きにおいて特別の事由がある場合に限っての例外が認められている。

日銀が各種オペレーションを通じて取得した国債の償還に伴い、借換債を引受ける場合である。通常、日銀乗換という。通貨膨張要因とならず、インフレリスクを高めないとして認てられている。しかし、日銀が国債を引受けている点では同じである。

⑥政府短期証券は財政法第五条の適用外とされており、日銀法でも短期証券の引受けを認めている。

(三)　日銀による国債引受けとは

①国債買入オペレーション

日銀は金融政策の一貫として国債の買入れを行っている。国債買入れオペレーションである。二〇一二年三月末で保有残高は七一兆円にもなる。

このとき、長期国債の買入れについて、保有残高を日銀券の発行残高以内に抑えるという「日銀券ルール」を定めている。

②資産買入等基金

日銀のバランスシート上に新たに設けられた基金である。国債、CP、社債等の買入れをする。二〇一二年七月現在で約七〇兆円の規模である。

③日銀による国債直接引受けの禁止

財政法第五条において、公債の発行について日銀の引受けを禁止している。

二〇一三年四月以降の日銀の金融緩和は、それが市中の国債を買い上げる場合でも、日銀券で直接国債を引受ける場合でも、中央銀行による財政赤字のファイナンスである。日銀と財政の信認が問われたとき、国債の暴落とインフレが生じる。

四章　無駄を省く財政支出改革とは

財政収支は破綻的である。
・国、地方の公的債務残高は各目のＧＤＰの二〇〇％以上に達している。しかも、今後も増加を続け、二〇〇％を大きく上回ると予想される。
・歳出面では国債費と社会保障関係費の増加が著しく、一般歳出では社会保障関係費は一般歳出の五〇％を超える。そして社会保障関係費の増加は公共事業関係費の減少を上回っている。参考図を示す（図表４－１、２）。
・歳入では二〇一三年当初予算において歳入総額九二・六兆円のうち、税金等の総額（租税及び印紙収入四三・一兆円、その他四・一兆円）は借金四二・九兆円をわずかに上回っている。しかし、これは異常である。国債の歳入中の比率は四六％にもなる。
・歳入について主なものは所得税、法人税、消費税であるが、二〇一〇年度以降はほとんど増えていない。

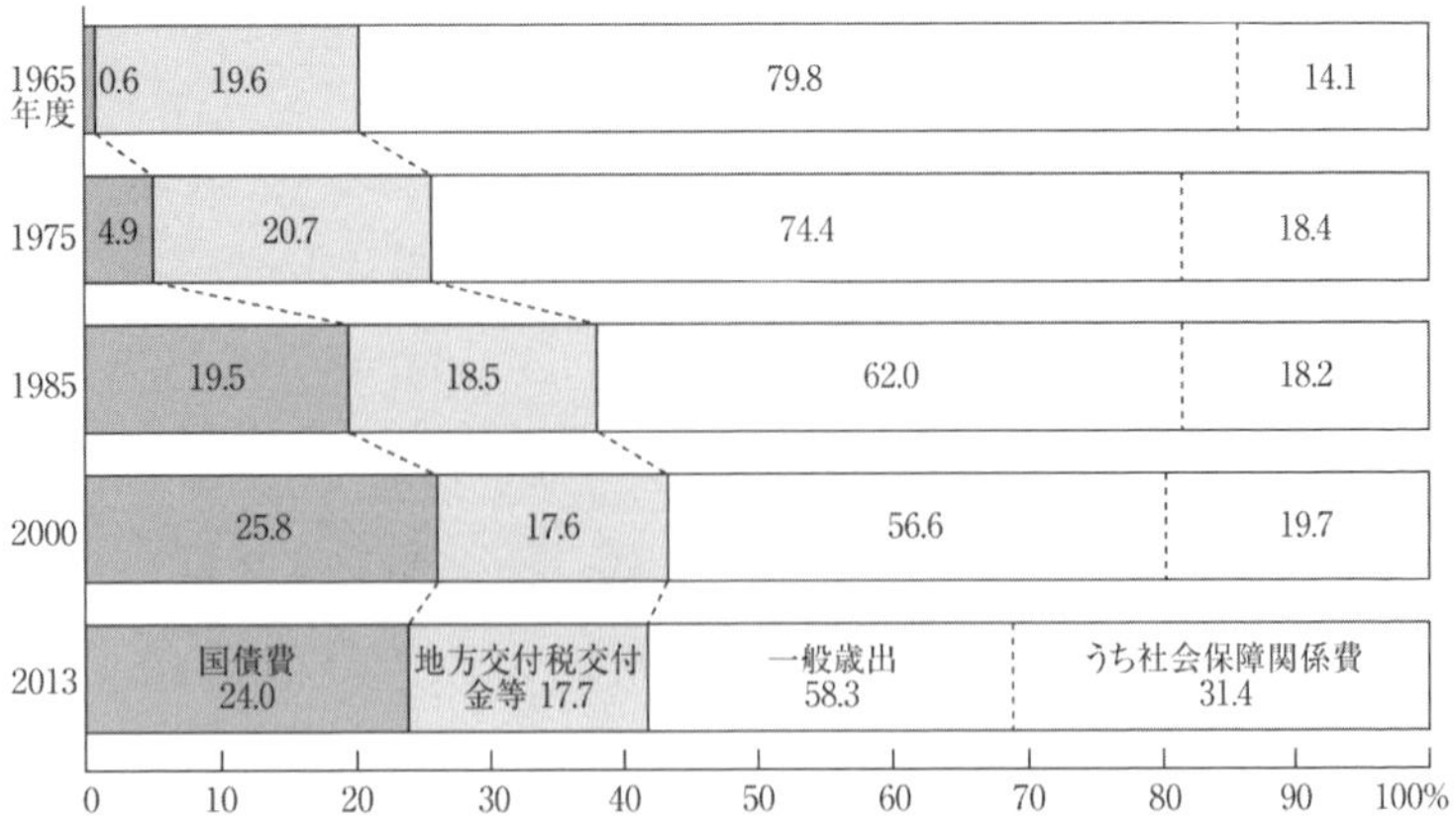

図表4－1　一般会計歳出中に占める国債費等の割合の推移

注：(1)当初予算ベース

(2)2000年度の地方交付税交付金等は、地方特例交付金を含む

原典：財務省「日本の財政関係資料──平成25年度予算案補足資料」(2013年4月)

出典：『日本経済図説』第4版（2013年）

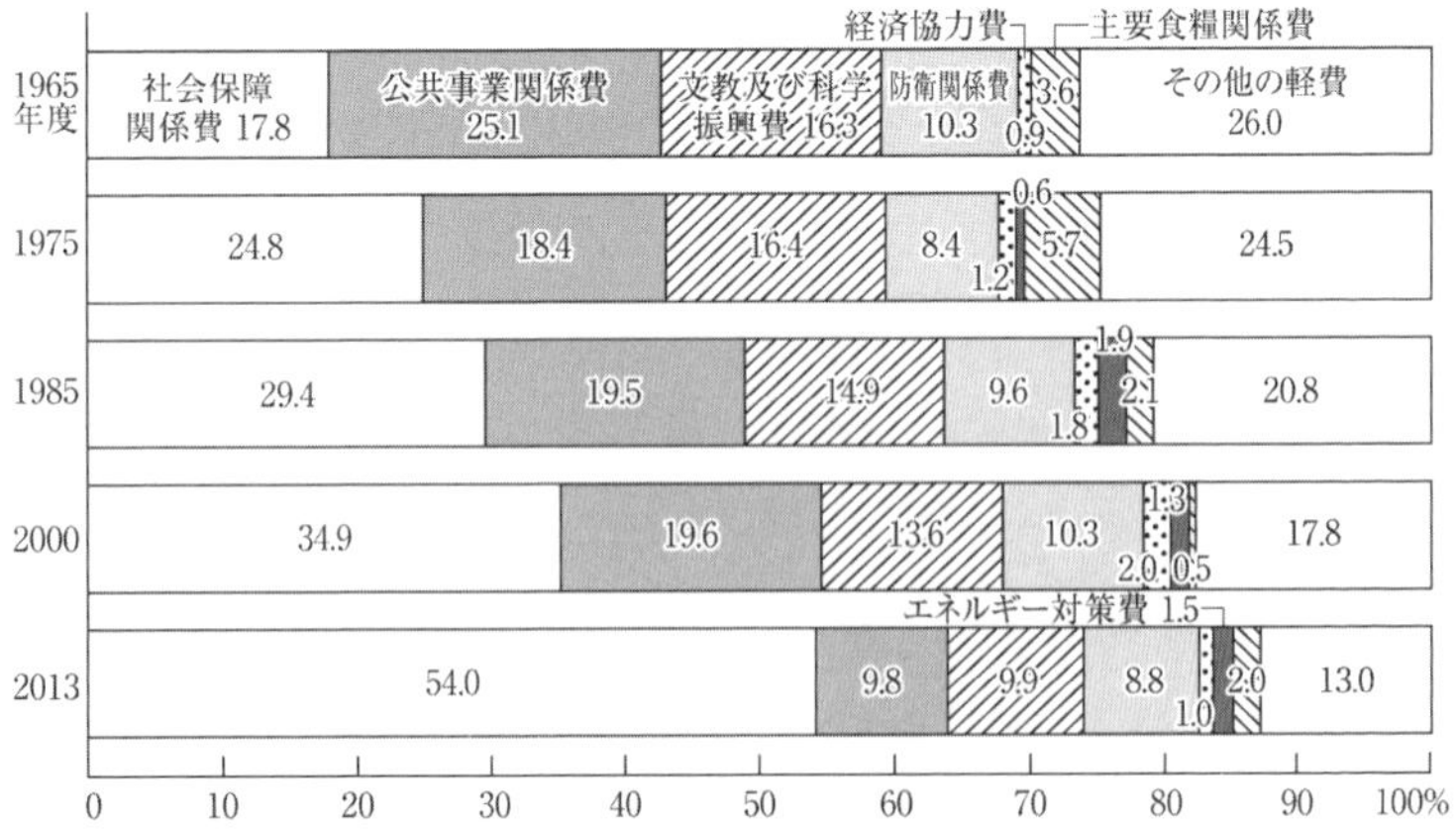

図表4－2　一般歳出内訳の構成費の推移

注：当初予算ベース

原典：同上　出典：同上

これらの状況を変える政策は平凡である。
・支出を削減する。
・借金を減らす。併せて国債償還額を減らす。
・収入を増やす。
・経済成長をはかる。技術革新をして投資や消費を増やし、経済を活性化させる。

量的質的金融緩和策もインフレや国債の暴落がありうる。残された道はきわめて少ない。そして、差し迫っている。

一　負担増は避けられない　増え続ける社会保障費

一般会計の社会保障費は二〇一二年度で二六・四兆円になる。今後も急上昇が予定される。費用の細目をみる。

・年金保険給付費――年金制度では現役世代が納める保険料のほか、一般会計からの年金給付費が財源となっている。二〇〇九年度国庫負担割合が三六・五%から、二分の一に引き上げられた。関連の特別会計として年金特別会計をもつ。二〇一二年度約八〇兆円である。その細目科目として、基礎年金、国民年金、厚生年金、福祉年金などがある。

・医療保険給付費——国民健康保険、協会けんぽ、後期高齢者医療制度などに対する国庫負担分である。国民医療費（二〇一一年度三六兆円）について保険料、国庫負担、地方負担、患者負担から成る。

・介護保険給付費——介護保険の国庫負担分である。介護保険の財源は保険料五〇％、国庫負担二五％、都道府県分一二・五％、市町村分一二・五％である。

・生活保護費——国庫負担四分の三、地方負担四分の一である。生活保護は八種類に分けられる。

・社会福祉費——障害保険福祉、少子化対策、子育て支援などがある。

・保健衛生対策費

・雇用労災対策費——雇用保険の国庫負担分

高齢化などの進展により、国全体の社会保障給付が急激に増加してきた。国全体の給付額について、

一九七〇年代　約三・五兆円

二〇〇八年度　約九九兆円

二〇一二年度　約一一〇兆円（主なものとして年金五四兆円、医療三五兆円、介護八兆円ほ

どになる）

一般会計社会保障費について、
二〇〇八年度　約二二兆円
二〇一二年度　約二六兆円（主なものとして医療保険九兆円、年金八兆円、社会福祉四兆円。
　　　　　　　　二〇一一年度と比べて約一兆円増）
二〇一三年度（当初）で約二九兆円で、歳出全体の約三一％を占める。
国全体の社会保障給付費と一般会計の社会保障費の推移を引用する（図表4－3、4）。
二〇一二年に決定された社会保障・税一体改革では、消費税収の使途を年金、医療、介護、少子化（社会保障関係費）に限定して消費税率を五％引き上げることにしたが、これにより今後の社会保障が安定化するわけでない（二〇一四年に三％、二〇一五年に二％増予定）。
社会保障費について一年間約一兆円の増加が予定されている。各分野の効率化、適正化、削減が求められる。

（一）医療・介護改革

・急性期や慢性期など患者の病状に応じて病床の役割を分担する。急性期に集中して治療し

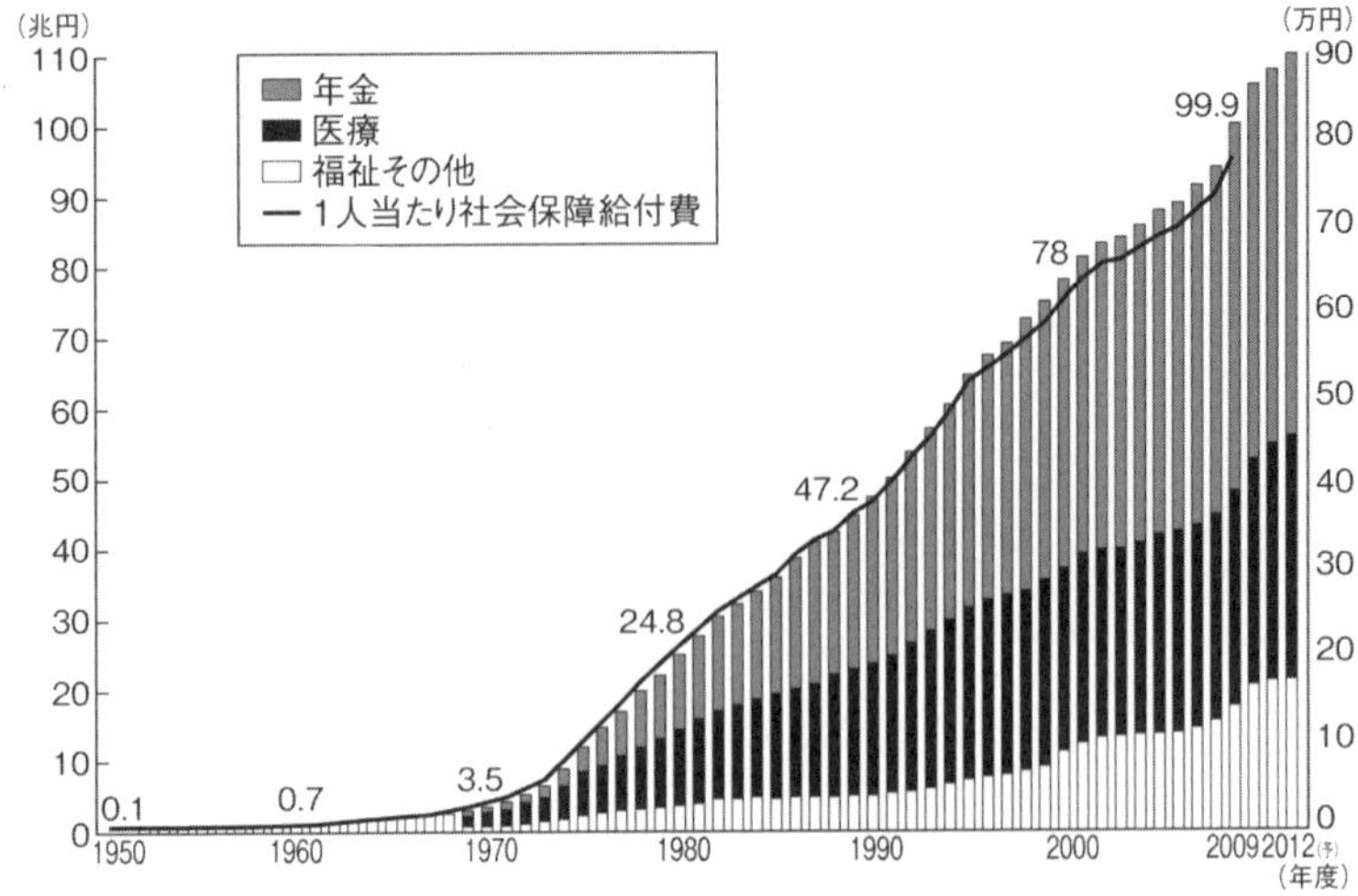

図表４－３　社会保障給付費の推移

原典：国立社会保障・人口問題研究所「社会保障給付費統計」
出典：小黒一正『アベノミクスでも消費税は25％を超える』（2012年）

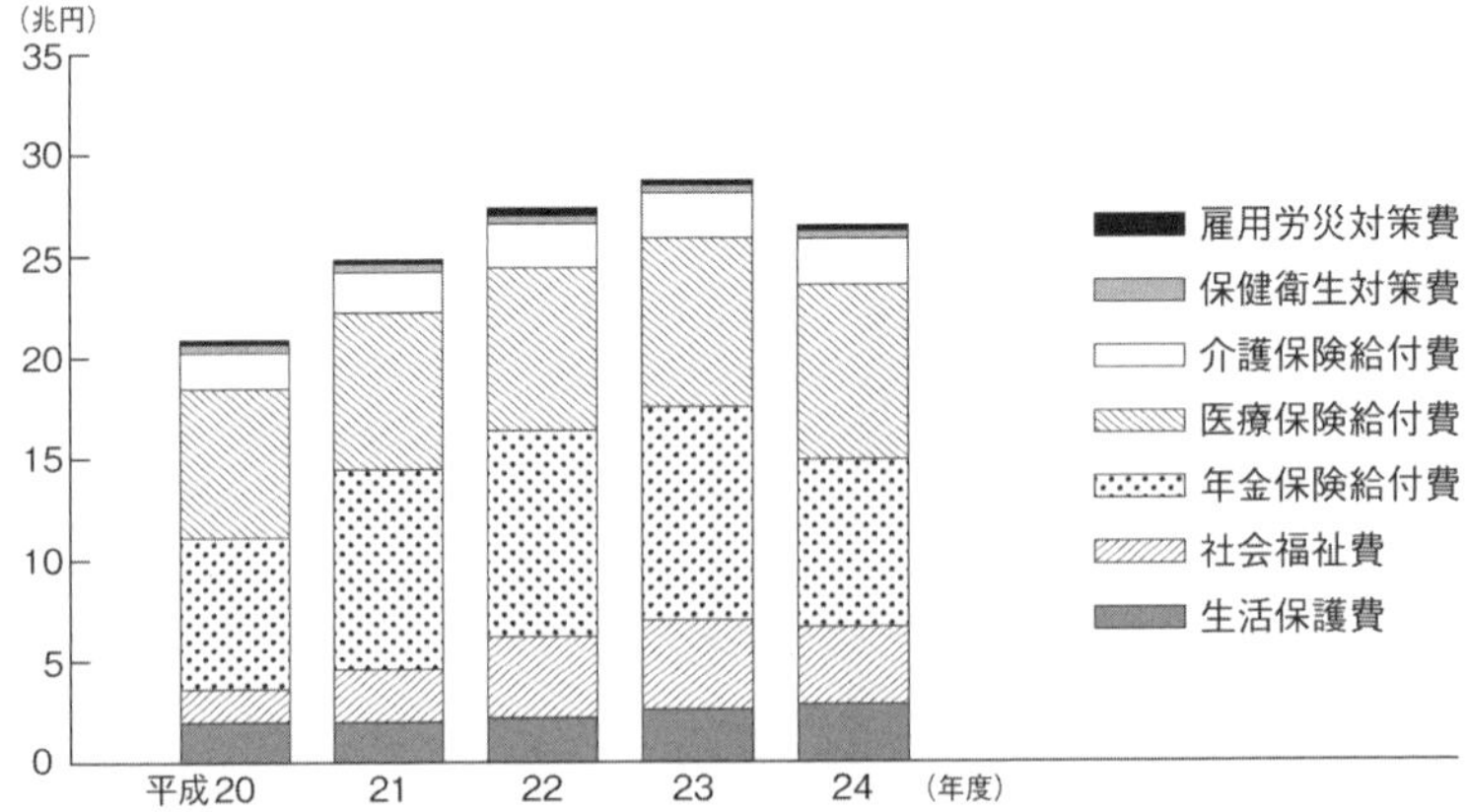

図表４－４　社会保障関係費の推移

注：当初予算ベース
原典：財務省「平成24年度予算」
出典：三菱東京ＵＦＪ銀行『国債のすべて』（2012年）

て平均入院日数を減らす。併せて軽度の患者の入院をできるだけ減らす。

・一般病床と急性期のものを分けて、これを前提にして医師や看護師を配置する。

・在宅医療と介護の強化をする。

・後発医療品の使用促進。先発品の価格を引き下げる。これにより価格の低い薬をなるべく利用する。一部の医薬品について保険上の適用をはずす。例としてビタミン剤や胃腸薬がある。参考として診療報酬改定、薬価および医療費の関係図（図表４－５）を示す。

・診療報酬を下げる。

・過大な薬剤投与をさける。一部の病院でみかけるが、一時に多種類の服用をしているケースがある。薬剤の投与を最低限にする。真に必要な薬剤に限定する。

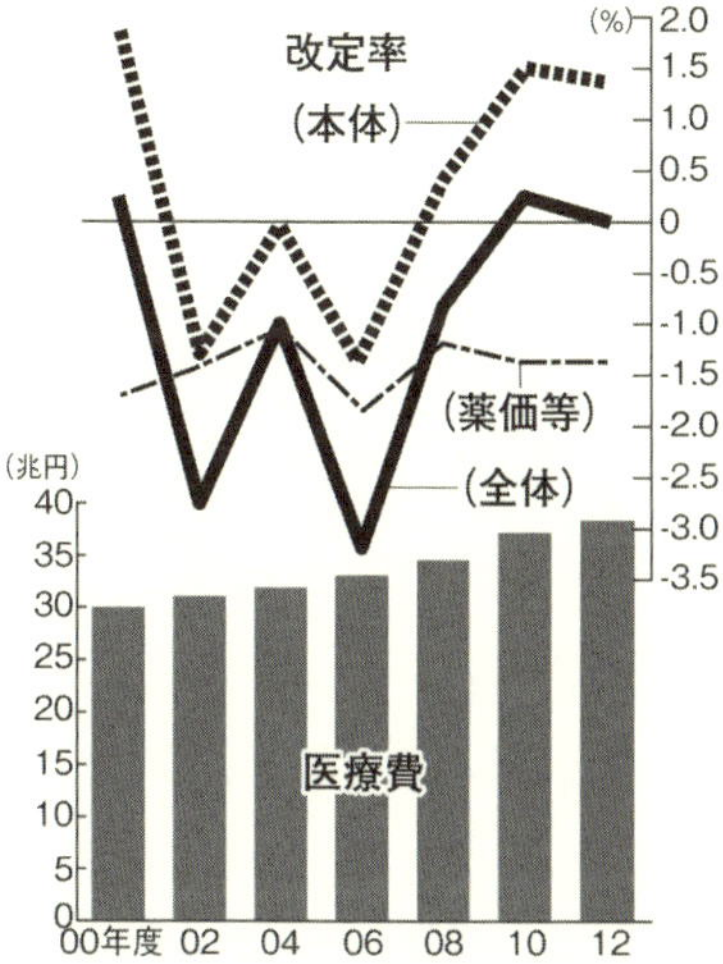

図表４－５　診療報酬の改定率と医療費の推移

注：医療費は保険診療の対象となる費用の総額、2012年度は労災分などを除いた速報値

出典：「朝日新聞」2013年11月6日

・医療費の自己負担の適正化。七〇～七四歳の自己負担は二割とし、特例的に一割としている。これを見直す。何割が適正であるか、年齢、所得、病状に応じて抜本的に見直す。併せて重症者の適正な負担を検討する。

・介護サービスのうち軽度者（要介護

1〜2）は約三〇〇万とされ、給付費は二・四兆円とされる。これらの介護を検討して、真に必要な介護に限定する。

（二）年金改革

年金について二〇〜六〇歳の人は国民年金に加入して一定額の保険料（半分は国庫負担）を払う。民間のサラリーマンは厚生年金に加入して収入に応じて保険料（労使折半）を払う。公務員は共済年金に加入する。原則として六五歳になると年金を受給できる。

（a）一般的状勢

公的年金は平均して保険料を四〇年納め、二〇年間受給する一種の保険制度である。高齢化の進行により増える一方の社会保険の給付と、給与に比例した保険料収入との差はひろがる一方である。

全体の社会保障費も増加一方であり、その中で公的年金は約半分を占める。その一般的問題をはじめに示す（八代尚宏『社会保障を立て直す』、小黒一正『アベノミクスでも消費税は二五%を超える』など）。

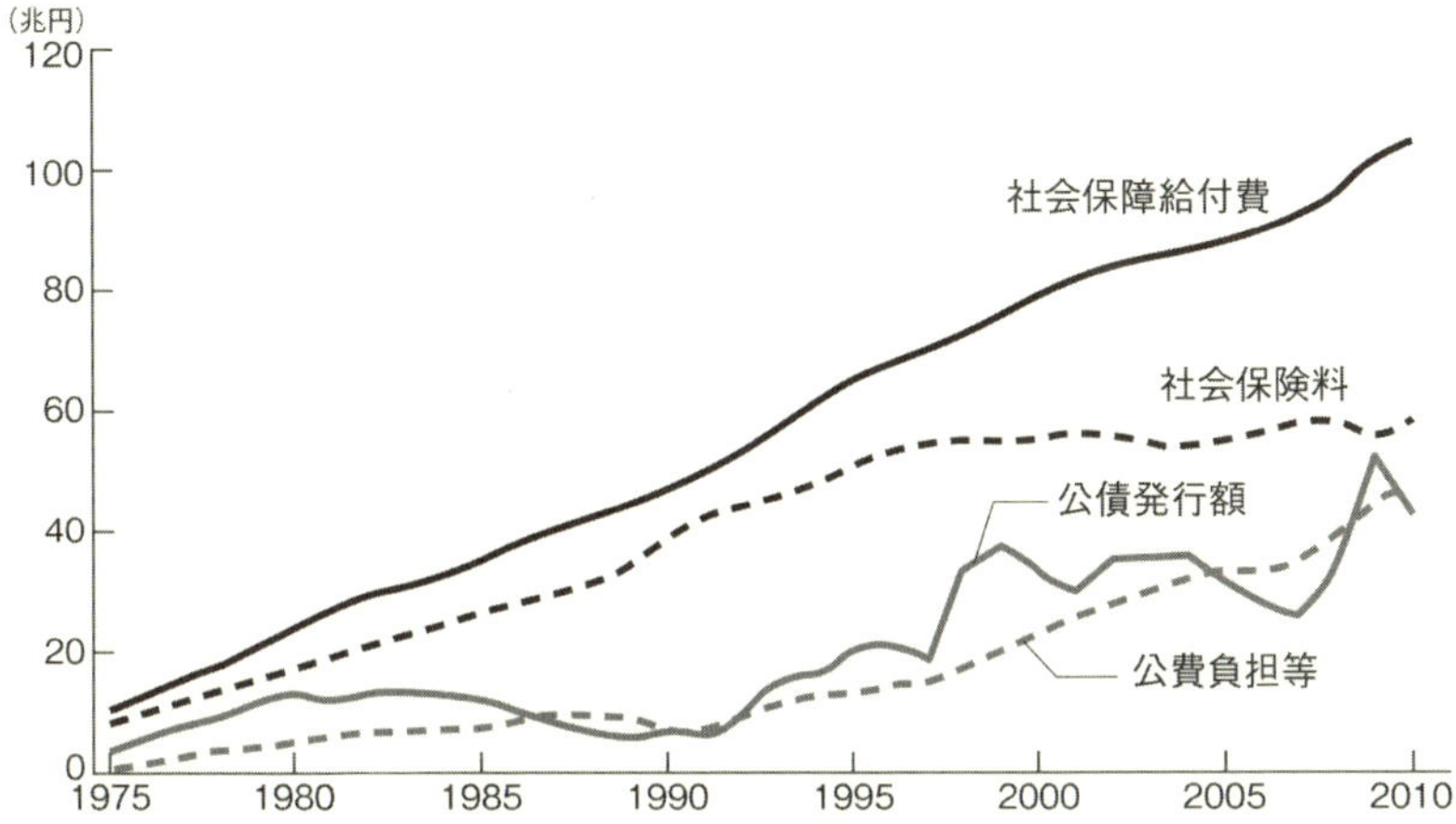

図表４－６　社会保障の給付と負担

原典：社会保障・人口問題研究所「社会保障費用統計」、財務省
出典：八代尚宏『社会保障を立て直す』（2013年）

①社会保障の給付と負担

社会保障の給付と負担を示した図（図表４－６）を示す。給付費の増大が著しく、保険料収入は鈍化している。

財政収入における法人税、所得税は減少している。デフレや景気後退により賃金は伸びなやみ、社会保険料を支払う人の数も減り、社会保険料収入は鈍化している。伸び率の急な社会保障給付の主な財源となるのは社会保険料と公費負担であるが、この公費負担のうち税金を除いたものは国債によらざるをえない。

その国債そのものの信用リスクが高まっている。債務額が巨額なためである。

②給付の抑制にはその赤字要因を説明し、国民に真の姿を伝えなければならない。しかし、

・厚生労働省からすると、社会保険給付の四割の公費投入は法律で定められており、公費投入の

財源の調達は財務省の責任と考え、両省の立場の相違から危機感の共有ができにくい。
・政治家もその真の姿を国民に説明しない。自分の不利になることをさける傾向がある。いずれにしても給付の抑制と社会保険料の増額となるからである。財源の一部を国債としても、解決の先延ばしになるのみである。
・国民側にも深刻な利害対立が生じる。高齢者の受給年代は削減に反対し、若年世代は保険料の増額に応じない。企業経営者も社会保険料の折半負担をさける。
③六五歳の支給年齢の引き上げも一度に実施されていない。民間の定年延長もスムーズにされていない。労使の対立もある。
④平均寿命が一九七〇年頃と比べて男女平均で約一〇年伸びている。そのため年金受給期間が長くなる。その一方で社会保険料の支払人数が減っている。人口構成の大きな変動が大きな要因である。
⑤経済の長期停滞がある。
公的年金の方式にはあらかじめ保険料を貯めておいて、将来の年金給付に必要な原資を賄う積立方式と、毎年の被保険者の保険料を年金給付に充てる賦課方式がある。この賦課方式では年々の物価上昇や賃金増による保険料収入の増加により、年金給付を賄うことができる。

しかし、
・全体給与水準の上昇が鈍化した。

・年金制度の担い手が減少してきた。
・逆に高齢者が増大し、受給額が増えてきた。かつ、寿命が伸びている。
・このため世帯の給付と負担の均衡は維持されなくなってきた。人口が減少する時期の後代世代の人にとって、増え続ける高齢世代を扶養するため一人当たりの負担が増加するばかりとなった。

⑥デフレへの対応として、給付がそれに従って減らされてこなかった。
デフレの持続は、世代格差を是正するために二〇〇四年に導入されたマクロ経済スライドが機能していない。これは被保険者の減少による負担能力の低下(〇・六%)と平均余命の伸長による給付額の増加(〇・三%)の合計の〇・九%分について、年金給付額を毎年自動的に二〇二三年度まで抑制するものである。しかし、制度ができてから、きちんと作動できない事情があった。

(b) 年金の赤字
二〇〇四年度、年金改革がなされた。
・基礎年金の国庫負担率を二分の一にする。
・最終的な保険料率を一八・三%にする(二〇一七年度以降)。
・給付水準をゆるやかに下げる。労働力人口や平均余命に応じて年金額を自動調整する。

・将来に向けて積立金水準を抑制する。

いわば「保険水準固定方式」であり、「保険料率を法律で定め、その範囲内で給付水準を定める」この方式は民間の確定拠出年金保険と似ている。

ここでも次の問題がある。

・デフレ下のマクロ経済スライドが十分作用するのか。実施できるのか。インフレでの年金削減も十分ありうる。

・高額所得者の年金給付の見直し

・年金支給開始年齢の検討。これは企業側の定年制度と直接的に関係する。

・高齢世代と若年世代の間の負担と給付の格差があること。つまり、各世代の給付負担において現在の高齢者は比較的少ない保険料負担で多くの給付を受け、逆に若年層は負担の割合に比べて低い給付の受益しか受けられないことである。これは賦課方式や人口構成の大きな変化からきている。

具体的な長期の年金収支が示される（野口悠紀雄『日本を破滅から救うための経済学』）。

この計算によると、年金積立金について、

二〇一〇年度　一四二兆円

二〇二一年度　一七二兆円

二〇三〇年度　二八四兆円
二〇四〇年度　四一七兆円

この計算では年金は長期に安定している。しかし、そこでの前提は全く現実的でない。

・賃金上昇率（二・五％）が高すぎる。現実には逆に下落している。二〇〇九年度△〇・一％である。

・積立金運用利回りとして、二〇〇九年度一・五％、二〇二〇年度四・一％とするが、ありえない。国債利回りの一％位が現実である。

・今後、保険料納付者が減り、逆に受給者が増える。具体的な推定表（図表4－7、8）を示す。

この推計をさらに悪化させる要因がある。

。製造業の海外移転が進む。

。非正規労働者が増え、厚生年金に加入しない人が増える。これは全体の年金保険料を直接に減少させる。

。雇用主において保険料の折半負担をさける傾向がある。

。高齢者がますます増え、年金受給者が増える。この背景には、人口が減少し、高齢者の割合が増えている。

。逆に若年層の人口が相対的に減少し、保険料収入が直接に減る。

年度	受給者数	加入者数
2010	23.7	34.5
2011	24.5	34.8
2012	25.3	34.8
2013	26.1	34.7
2014	26.9	34.6
2015	27.7	34.6
2016	27.8	34.5
2017	27.9	34.4
2018	27.9	34.2
2019	28.0	34.1
2020	28.1	34.0
2021	28.0	33.8
2022	27.9	33.7
2023	27.8	33.6
2024	27.7	33.4
2025	27.6	33.2
2026	27.6	33.0
2027	27.5	32.8
2028	27.5	32.6
2029	27.4	32.3
2030	27.4	32.1

年度	受給者数	加入者数
2031	27.6	31.7
2032	27.7	31.3
2033	27.9	30.9
2034	28.0	30.4
2035	28.2	30.0
2036	28.4	29.5
2037	28.5	29.0
2038	28.7	28.6
2039	28.8	28.1
2040	29.0	27.6
2041	29.0	27.2
2042	28.9	26.8
2043	28.9	26.3
2044	28.8	25.9
2045	28.8	25.5
2046	28.8	25.1
2047	28.7	24.8
2048	28.7	24.4
2049	28.6	24.1
2050	28.6	23.7

図表４－７　厚生年金の加入者と受給者の推移（単位：100万人）

注：受給者は老齢相当と通算老齢の合計

出典：野口悠紀雄『日本を破滅から救うための経済学』（2010年）

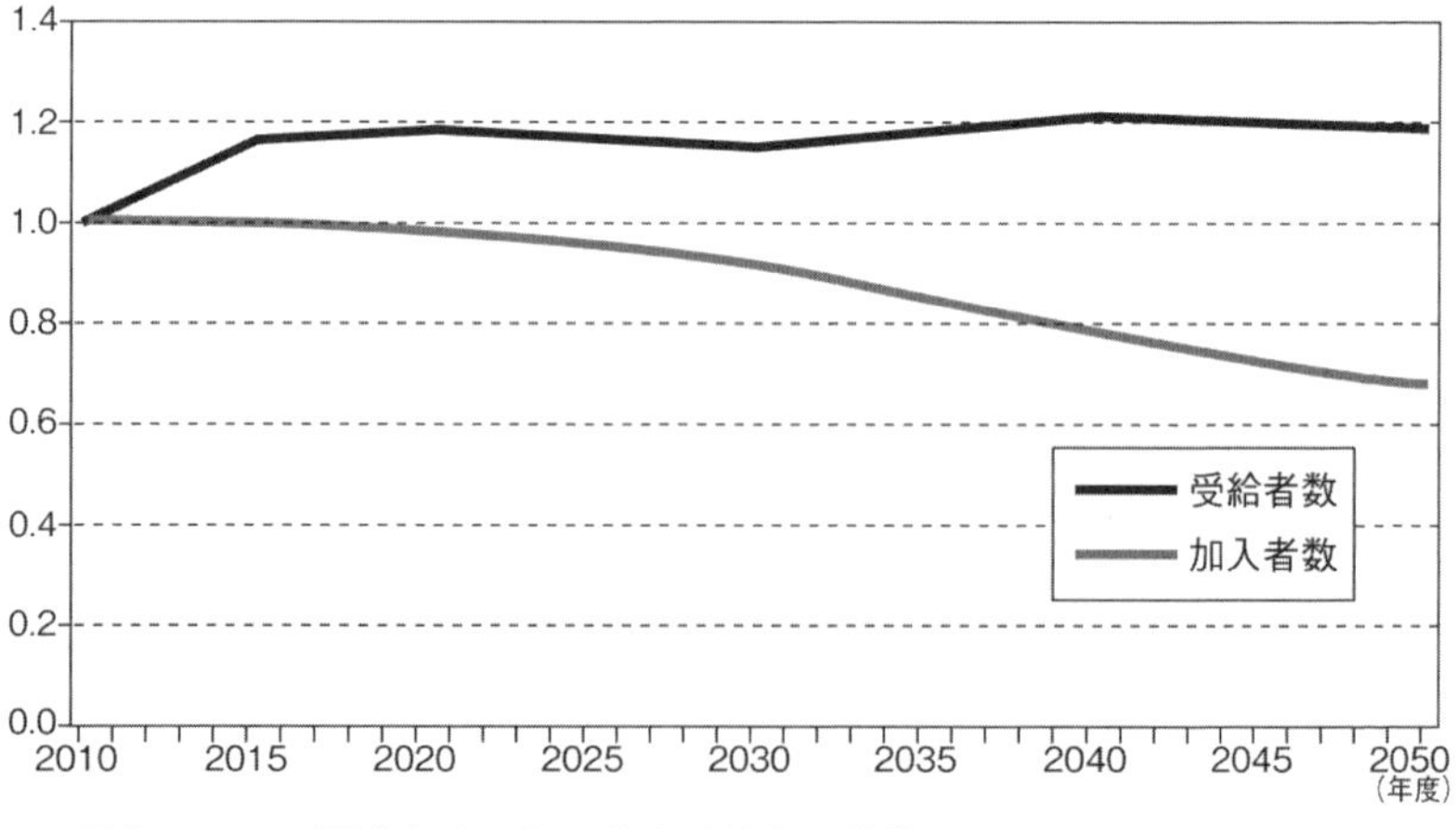

図表４－８　厚生年金の加入者と受給者の推移（2010年度を１とする指数）

出典：野口悠紀雄『日本を破滅から救うための経済学』（2010年）

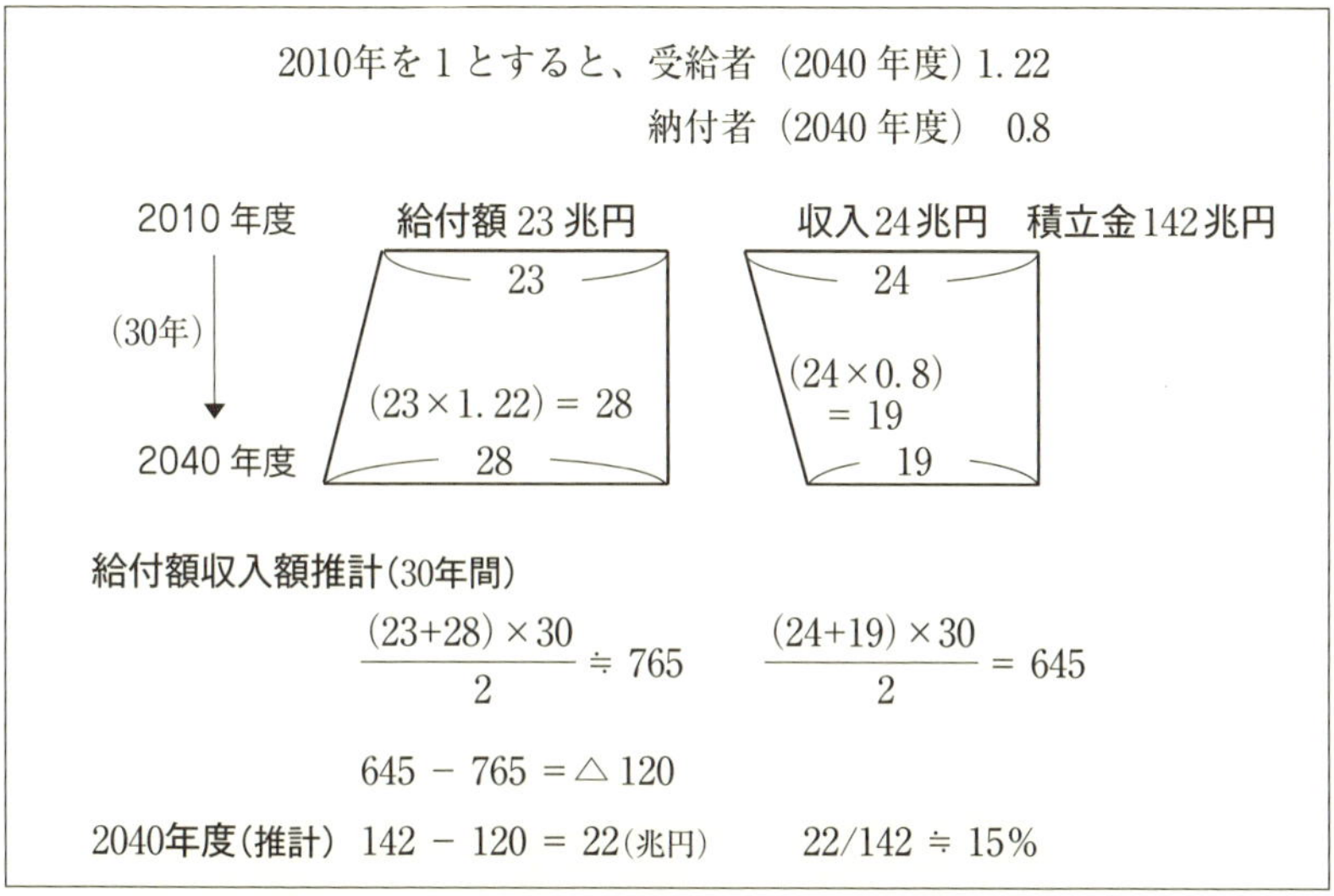

図表４－９　受給者、納付者からの年金収支予測

注：給付額、収入額とも人数に単純比例とする。

ここで単純に二〇一〇年の積立金一四二兆円から出発し、二〇一〇年の給付額二三兆円、収入額二四兆円とし、給付額、収入とも単純に受給者、加入者の人数に比例するとする。さらに国庫負担や基礎年金を考えずに、二〇四〇年の収支の参考図（図表４－９）を示す。

二〇一〇年を一とすると、二〇四〇年において、

受給者　一・二二
加入者　〇・八
給付額の推計（三〇年間）　七六五兆円
収入額の推計（三〇年間）　六四五兆円
差　△一二〇兆円

四〇年における積立金
142＋645－765＝22兆円

この二二兆円は給付額の一年分にしかならな

表　　　　　　　　　　　　　　　　　（単位：兆円）

	収　入	支　出	収支差	積立金
2010年	35.0	36.7	△ 1.7	142.6
2020年	37.0	43.4	△ 6.4	91.0
2030年	34.3	42.3	△ 8.0	20.7
2040年	39.6	44.8	△ 15.1	△ 94.1

い。二〇四〇年頃には破綻することになる。

ここで運用利回りをみていない。残高の累計として、

（142＋22）×30÷2＝2460兆円

2460×0.01（運用利回り）＝24.6兆円

運用収入はあてにならない。給付の一年分にしかならない。

現実には国庫金や物価スライドがあるから、長期収支はそれを考えなければならない。

二〇一〇年から出発して二〇四〇年までの細かな長期収支が計算されている（前掲書）。

主な前提として、

・保険受給者、加入者を現実に合わす。

・保険料収入を賃金に合わせて調整する。

・物価スライド、マクロ経済スライド（保険料納付者の減少と平均余命延長による年金の減額調整）を計算に入れる。

・国庫負担　基礎年金拠出額の二分の一

・収支差＝（保険料収入＋国庫負担＋運用収入）－（給付額＋基礎年金拠出額）
・積立金残高＝前年度残高＋収支差
・運用収入＝前年度積立金×利回り

具体的数字として算定されている（表）。

推定として、二〇三三年頃に積立金はなくなる。

これを単純化すれば、「給付＋基礎年金拠出金」が「保険料＋国庫負担」を上回り、積立金は二〇三三年頃になくなる計算となる。


趣旨は少し異なるが、積立不足の規模が示される。年金審議会の資料によると、二〇〇九年の財政検証として、

国の年金債務（将来の受給者の年金請求権）	九五〇兆円（厚生、国民年金の計）
現実の積立金の残高	一五〇兆円
年金純債務（完全積立方式で保険料を積み立てた額との差）	八〇〇兆円
将来の国庫負担金	二五〇兆円
純債務（厚生労働省分）　850－250＝	五五〇兆円

純債務を減らすか、保険料で賄うことが求められる。

長期的には大幅な赤字であり、これをさけるには、

①保険料率を上げる。
②給付額を下げる。
③支給開始年齢を上げる。
④税金で一部を賄う。
⑤積立金運用利回りを上げる。

それぞれの問題点をみる。

①保険料率を上げることの問題点

保険料率をさらに高い水準に引き上げることは経済活動や雇用を抑制する。保険料の引き上げに応じない雇用主が増える。雇用者もこれに反対する。臨時雇いをして事業主負担をさけるようにする。この動きは保険料を払う人が減り、料率を上げても保険料収入が増えるとは限らない。

五〇年安心年金を実現するため、現在予定されている毎年〇・三五四%の引き上げで二〇一七年の一八・三%を上限とするペースでは間に合わず、二〇一三年から毎年〇・五三四%の引き上げで二〇四〇年に二四・五一%（現行の上限の一・四倍）を上限とすることが必要になる（前掲書）。

ここでの条件として、
運用利回り　一・四％
賃金上昇率　一・〇％
積立金枯渇時期　二〇五〇年
しかし、実際に大幅な引き上げが可能かどうかが問われる。運用利回り、賃金上昇率が現実的か。

②給付率を上げることの問題点
受給者は大幅な引き下げに反対する。実際に生活できないケースも生じる。それは健康保険や介護保険の増大となりうる。

一律二一％の給付を削減することで、現行の積立金を二〇五〇年まで維持できるとする試算がある。しかし、大幅な引き下げができるか大きな危惧がある。

③支給開始年齢を上げることの問題点
平均余命の伸長は早くから予測されていて、これが遅れたのは労働組合の抵抗と定年年齢を引き上げたくない使用者側も反対したためである。利害の大きな対立がある。

退職から支給までの高齢者の雇用が確保されないことに対して、六五歳までの雇用を義務化することがなされた。

または六五歳以前に支給を希望する場合には減額した額の年金受給の道を作ることができる。

「この制度は人口変動のリスクを給付の抑制だけで調整するよりも国民全体の負担が小さいと考えられるから、多くの先進国で採用されている手段である」（八代尚宏『社会保障を立て直す』）。この目的として、

・人口変動に対応して支給額と保険料との均衡をはかる。
・世代間の受給と負担の格差を少しでも是正する。若年世代の負担を少しでも減らす。
・国際的にみると、日本－六五歳、オーストラリア－六七歳、イギリス－六八歳、フランス－七八歳、ドイツ－六七歳、アメリカ－六七歳とされる。

④税金で一部を賄うことの問題点

財政そのものが破綻的であり、大きな負担増はできない。また、消費税を社会保障のみに充当できない。

⑤積立金運用利回りを上げることの問題点

運用利回りを大きく上げることはできない。二〇一三年で国債の利回りは一％ほどで、これを大きく上回る利率は困難である。また、国債の利回りが上がることは財政そのものの金利負担を直接的に増大させる。外債への投資は為替の変動があり、株はさらに大きな危険がある。

年金の赤字について、財政赤字ときわめて似ている。それは収入に合わせて給付を定めていない。きわめて楽観的な経済予測をもとにしている。

高齢者が増え、若年層が減るのは大きな人口変動である。これをもとにして正確な計算による再建が強く望まれる。

（c）賦課方式の世代間の負担と給付

年金について段階的に保険料の引き上げがなされ、現役世代の負担が増えていく。逆に現在の高齢者は比較的少ない負担で年金を受けとる。これを世代間でみると、負担と給付について世代間で不公平がある。

表　給付負担倍率

生年度	2010年の年齢	厚生年金	国民年金
1940年	70歳	6.5 倍	4.5 倍
1945年	65歳	4.7 倍	3.4 倍
1955年	55歳	3.3 倍	2.2 倍
1965年	45歳	2.7 倍	1.6 倍
1975年	35歳	2.4 倍	1.5 倍
1985年	25歳	2.3 倍	1.5 倍

表で給付負担倍率は生涯に払った保険料の何倍の年金給付がもらえるかの指標である（小黒一正『アベノミクスでも消費税は二五％を超える』）。年齢の高い人の方が倍率が高い。

これが生じるのは賦課方式をとり、年齢構成が高齢者に片寄っているためである。

解決方法として「現役世代が支払った保険料、税の六〇兆円のうち、五〇兆円を引退世代の年金給付に回し（賦課方式）、残りの一〇兆円を強制貯蓄（事前積立）として国債や国内債券で運用する」（前掲書）。

この案は賦課方式の部分のほかに積立金を別に持ち、これを世代間の負担公平に充当するものである。いわば修正賦課方式とい

表　社会保障費の給付の伸び　（単位：兆円）

年度	給付	年金	医療	福祉	うち介護
2006年	89.8	47.4	27.5	14.9	6.6
2011年	105	54	32	18	9
2015年	116	59	37	21	10
2025年	141	65	48	28	17

え、積立金の一部を世代間の負担調整に充てるとされる。併せて次が提案されている。

①現役世代の保険料を上げる。

②高齢世代の給付を抑制する。

これは現行制度での赤字解消とほとんど変らない。方式を変えても大きな財源は生じてこないとみる。年金を支える背景として高齢化、現役世代の減少、給付対象者の増大、非正規雇用の増大などがある。これらの年金を支える枠組が大きく変えられないからである。

経済の構造が大きく変ってきており、それは年金の仕組を超える問題である。

また、税で負担調整しようとしても、財政そのものに財源の余裕がない。このままでは、保険料の引き上げと給付の引き下げをせざるをえない。

(三)　消費税と社会保障費の現状と課題

社会保障費の給付の伸びが厚生労働省の資料（二〇〇六年）で示される（表）。

二〇一五年と二〇一一年との比較をすると、

年金　＋五兆円

医療　＋五兆円
福祉　＋三兆円

となる。それぞれの増加が著しい。

全体の医療費の最近のものとして二〇一一年度約三八兆円であり、五年連続増である。参考図（図表4－10）を示す。

社会保障費急増の背景として、くりかえすと、

・人口が減少している。

・人口が高齢化し、少子化が進行している。総人口に占める六五歳以上の割合が大きくなり、二〇二五年には約三〇％になる。

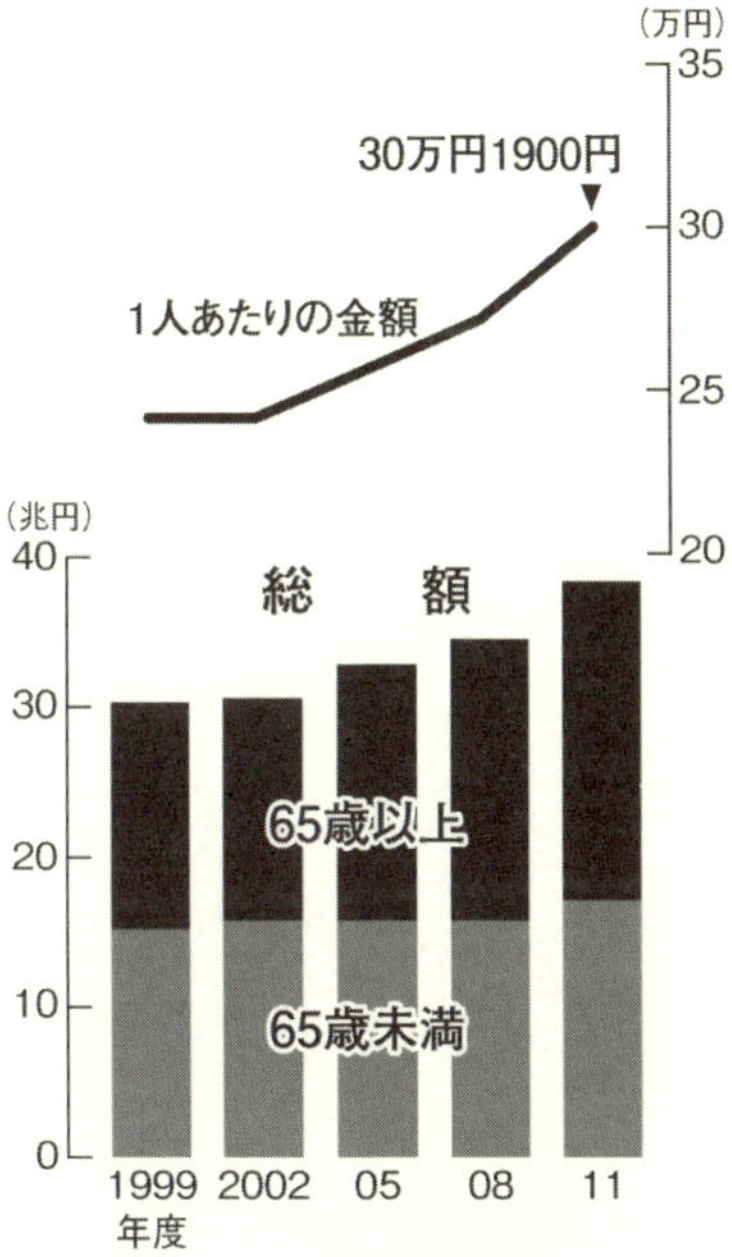

図表4－10　国民医療費と一人あたりの金額（2011年度）

注：厚生労働省資料より作成
出典：「朝日新聞」2013年11月16日

・平均寿命が伸びている。給付が増える。

・高齢化して国民医療費が増える。

・介護料が増える。生活保護費が増える。

公的年金等の財源を国税と社

会保険料のいずれかで賄うべきかについては、いくつもの論点がある。その例として財政全体の赤字、議会のチェック、年金等の財源不足、国税のうちの消費税で賄う場合の逆進性、税と社会保険料徴収の二重行政（税は国税庁、社会保険料は日本年金機構）などがある。

現行社会保険料方式の根拠として、給付と負担との結びつきが強く、高齢化による負担増のため理解が得られやすく、社会保険料等は特別会計で実施し、負担と給付との均衡をはかっている。

①財政赤字との関係

財政赤字は巨額であり、収入を支える所得税、法人税は減少しており、消費税収は比較的安定している。

消費税は景気に左右されにくく、一％の税率で約二兆円の税収が見込まれる。消費税は逆進性の要素があるが、現在の収入を見た限りではまさに基幹税である（石弘光『消費税の政治経済学』）。財政支出を基本的に賄うものである。

この一方で巨額な財政赤字はさし迫っており、その破綻の影響は社会保険以上に国民全体に深刻な影響を与える。

社会保障費の赤字と財政赤字との重要性、緊急性をみた場合、消費税は一般財源化すべきである。ただし、消費税の一部が社会保障費の一部に充当されることはさしつかえない。それを決めていくのは国会である。

②給付と負担の対価性

税方式——給付と負担の対価性がない。一般財源をもとにして平等に給付が得られる。全額税方式と社会保障目的の消費税がありうる。

社会保険料方式——社会保険を支払った額に応じて給付が受けられる。給付と負担の対価性がある。

税方式には二つの考え方がある。㋑全ての社会保障費を所得税などの一般財源を用いて、老後の生活等を支える費用を国民が平等に負担するもの、㋺現行の社会保険料の強制的な徴収力の乏しさを補うために、目的消費税として消費税を社会保障費、なかでも年金に充てるものがある（八代尚宏『社会保障を立て直す』）。

㋑をいい直せば全額税方式である。保険料を方式を変えて全額税で社会保障費、なかでも年金を賄うものである。

一番目に所得税などの一般財源を優先的に年金等に充当する理由がない。さし迫っているのは社会保障のみでない。

二番目に所得税、法人税、消費税の全てを充当しても巨額な財政赤字を解消できないことである。

三番目に社会保険料と給付との関係をみて、保険料を払った人と払わなかった人との公平性を確保できない。年金制度はすでに数十年にわたって実施されてきたもので、それとの整合性がとれなければならない。社会保険料を三〇年以上払ってきて、六五歳になって、年金はほぼその支払額に応じて給付される。この基本的原則をこわすことになる。

国民年金については約四割の人が払っていない。その中には本当に払えない人、払わないが自分で年金を考えている人、所得が大きく年金をあてにしない人などさまざまである。これを考えずに税により一律給付することはできない。税と給付とのリンケージがない。

これと整合性をとりながら、税方式に変えることもできない。

㋺についての一つの案は、「目的消費税」として消費税の使途を年金の財源のみに充てるものがある。しかし、次がある。

(i)消費税の使途を年金の財源に充てる目的であるから、社会保険料と同じ対価性が保障される。

これに対して、全ての人が面倒な手続なしに六五歳になれば満額の基礎年金を受け取る仕組になるとしても、現在の社会保険料方式の負担と給付との対価性の関係を大きく崩すことには変りない。

(ii)目的消費税では低所得者の負担が大きく逆進的である。

この批判に対して、

・現行の国民年金の定額保険料より、消費水準に比例した負担という点で逆進性が低い。

・資産を取り崩して消費する者も課税対象となり、総合課税と実質的に同じになる。

・真の弱者に対して給付面で対応可能になる。(前掲書)

これらのため所得再配分機能は強化される。

これに対して、消費税そのものの逆進性をなくすものでなく、総合課税と同じになるかは税の負担者と年金の給付との個々の対応を調べなければならず、それは現在できていない。具体的には国民番号制による所得税等の負担、年金の給付を個々にあたる必要がある。

さらに、真の弱者への給付にはすでに生活保護制度がある。

この制度を一口でいえば福祉目的税である。つまり、消費税を福祉目的に限定することである。これには次の欠点がある(野口悠紀雄『日本を破滅から救うための経済学』、石弘光『消費税の政治経済学』など)。

③目的税にすることの意味は道路特定財源から推定される。特別会計にして、その中で福祉を消費税で賄うことになる。

支出が消費税より大きいときは他の一般財源が求められる。逆に収入がより多いときは支出が無制限にふくらむことになる。どちらにしても財政規律が作用しにくい。この例は道路特定財源による社会資本特別会計で実証されている。

④歳出のチェックがなくなり、自動増税される。納税者の意見は軽視される。税率の引き上げは重大な影響が生じるのに、議会を通じての意見が反映がされにくい。

「自動的な増税の容認は議会の役割を放棄することにほかならない。なぜなら議会の基本的役割は政府の増税をチェックすることだからである。歴史的にみて、そもそも議会が設置されたのは政府の恣意的な増税をけん制することが目的であった。したがって福祉目的税とは議会政治の自殺行為である。官僚支配の排除とはこうした巧妙なトリックを見抜くことなのである」（野口悠紀雄『日本を破滅から救うための経済学』）

⑤目的税では一般的に資源配分の硬直化を起こす。例えば多くの道路特定財源で道路を作っていけば非効率な道路を作り続けることになる。社会保障分野でも類似なことが起こりうる。

税に対して過大な依存が生じて支出は増える一方になり、保険料の負担や給付の削減などの議論がなくなる。

社会保障費、年金でも、それらを支えるのは保険料と税金である。支出と収入を常に対応させて、真に適正な制度を維持する必要がある。特に保険料と給付との対価性は重要な原則である。なお、給付の一部を税金で賄うことは現在もなされており、税負担も問題ない。

二　無駄な事業は中止に　収支に見合った公共事業

一般歳出中の公共事業費比率として、

二〇〇〇年度　一九・六％

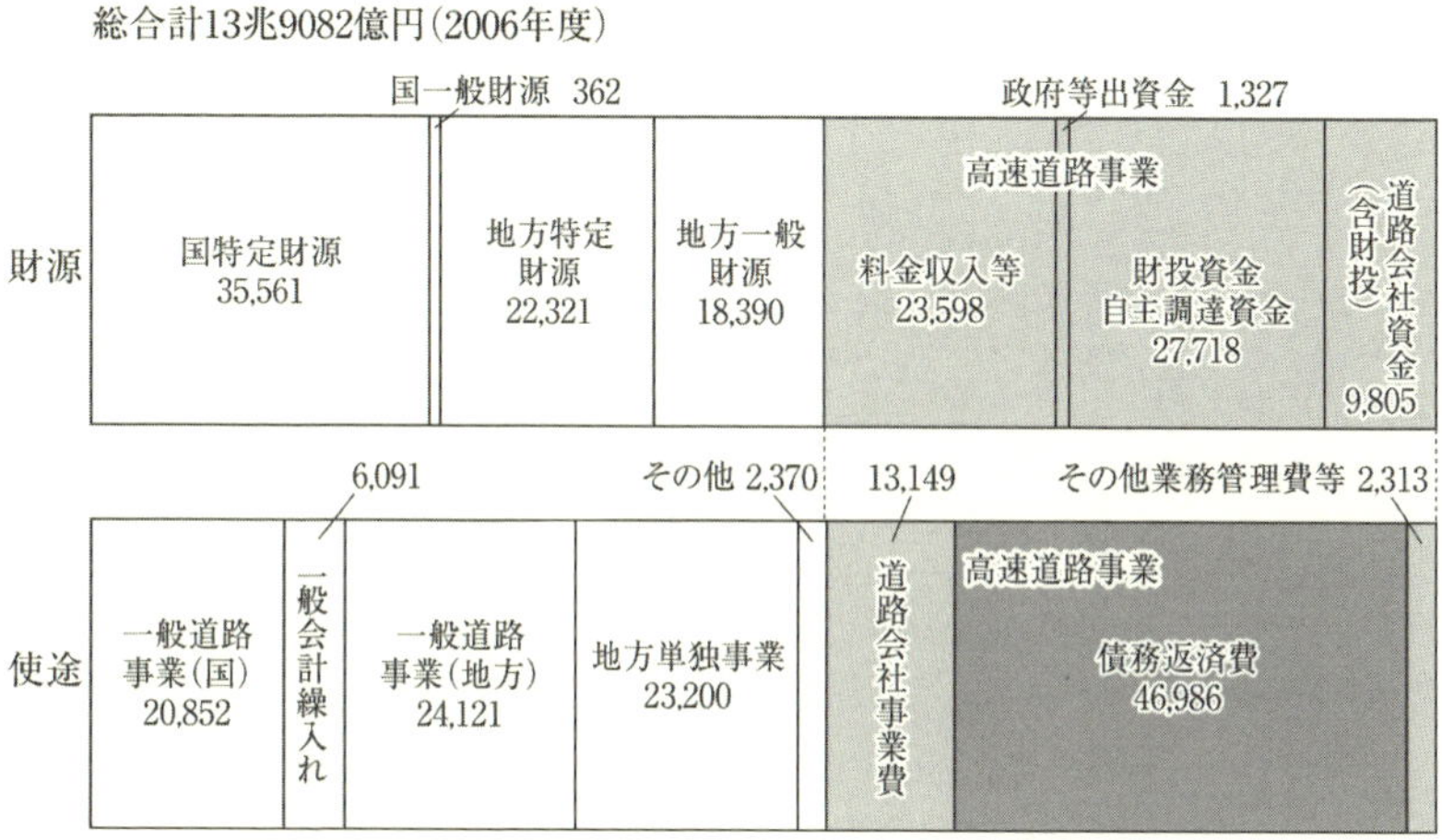

地方の一般道路事業費と地方単独事業費にも債務返済費が含まれ、高速道路事業費の債務返済費と合わせると、道路事業は借金付けであることが分かる。

図表４－11　道路財政の全体像（単位：億円）

原典：環境自治体会議・環境政策研究所・上岡直見主任研究員
出典：五十嵐敬喜・小川明雄『道路をどうするか』（2008年）

二〇一三年度　九・八%と大きくない。しかし、先進主要国の政府固定資本形成のGDP比率は二〇一一年で約三%であり、先進国中では大きい。

公共事業が推進される理由として景気を浮揚する効果がある、実物資産が残り、生産力効果などがある。需要効果については乗数効果がある。

しかし、マイナス面も大きい。

・ムダもしくは効果の少ないものがある。
・建設国債でも赤字国債でなされても、後年度に元金償還と利子負担が生じる。
・公共投資の乗数効果として（『日本経済図説　第四版』）、

一年目　一・〇七
二年目　一・一四
三年目　〇・九五

効果は過大に考えられない。

・二〇〇九年度のB／S（一般会計）をみると、有形固定資産は一七一兆円である。この一七一兆円が国債を財源とすると後年度負担が大きい。さらに一七一兆円の施設の耐用年数を約五〇年とすると、毎年三・四兆円の償却費が生じる。それは予算上では維持管理費や改修費として生じる。国はその費用を引当金として積み立てていないから、各年度の予算で支弁しなければならない。放置すればトンネル事故や道路の穴あきなどが生じ、経済活動に深刻な影響を与える。耐用年数到来後では全面改修が必要になる。

（二）道路の財源

道路の種類は高速自動車道、一般国道、都道府県道、市町村道がある。そのおおまかな財源と使途が分析されている。図（図表4－11）を示す。

「財源のうち、主なものは道路特定財源（国、地方、道路会社に配分される）、国や地方の税金をもとにした一般財源、有料道路からの料金収入、借入金（有料道路事業のための財政投融資、民間からの借入金、国債、地方債）がある。図は二〇〇六年度のものであるが、重要なことは債務返済額がきわめて多いことである」（五十嵐敬喜・小川明雄『道路をどうするか』）。

こうした財源による支出先は国、地方を合わせて道路事業に約五五％、高速道路事業に約一〇％、高速道路の債務返済に三五％、残りが管理費等に充てられる。

これを地方自治体からみると、
国直轄事業　財源——借入金、国費（国費の割合が多い）
国庫補助事業財源——借入金、国費など（国費が少なく借入金が多い）
県単独事業　財源——借入金、補助金（借入金きわめて多い）
となる。地方からみて国の交付金、補助金は少なく、国からみれば自治体に負担金を迫り、あるいは補助金、交付金を出し、借金をさせて道路をつくらせる（前掲書）。ここで借入金の割合がきわめて高いことである。二〇〇八年の福岡県の例では、五八七億円の道路財源のうち九割が借入金の返済に充てられている。

道路関係の主な税（二〇一〇年度）を示す。
揮発油税　　　四万八六〇〇円／kℓ
地方揮発油税　五二〇〇円／kℓ
石油ガス税　　一七・五円／kg
軽油引取税　　三万二一〇〇円／kℓ
自動車取得税　原則として取得価五%、三%
自動車重量税　車種ごとの重量による。〇・五トンごと。自家用五〇〇〇円これらの税が一般会計や特別会計等に入り、一般国道や県道等の財源となる。このほかに借入金や利用料金がある。

「道路整備特別措置法」は三条でのべる。「揮発油税法による当該年度の税収入に相当する金額を道路整備五ヶ年計画の実施に要する道路法及び道路の修繕に関する法律に基づく国の負担金又は補助金の財源に充てなければならない」。ここで道路計画と特定財源を一体化している。その後、道路特定財源は次々と増えてきて、現在に至っている。

(二) 赤字だらけの公共事業改革

〔高速道路〕

税金と借金により建設し、借金については建設完了後に料金で返還する。返還完了後には無料にする。しかし、多くの路線で赤字になり、黒字の路線の収入も次の赤字の路線に充当する(プールする)ようになってきた。

主な赤字路線の収入に対する支出である、二〇〇〇年度末の収支比率を示す。一〇〇%なら収支は均衡している。

北海道縦貫自動車道	△三九九%
東海北陸自動車道	△三二五%
四国縦貫自動車道	△三二三%

東北横断自動車道（酒田線）　△一八八％
関越自動車道　△一七一％
九州横断自動車道（長崎・大分線）　△一七一％
北陸自動車道　△一六八％
東北横断自動車道（釜石秋田線）　△一三八％

逆に黒字路線は少ない。主なものとして、

東名自動車道　＋二〇七七％
中央自動車道　＋一六二七％
東北縦貫自動車道　＋一四七七％

赤字路線の借金（道路債券、借入金）は将来の巨額な債務として残される。債務について国が保証しているから、将来世代の国民負担が爆発的に増大する。これに加えて既設道路の維持改修費と抜本的改修費が必要になる。

高速道路無料化も二〇六五年に延期の検討に入った（二〇一三年末）。

〔東京湾アクアライン（東京湾横断道路）〕

一九九七年の開通直前の試算として推定交通量二万五〇〇〇台、料金は四九〇〇円／台、事業費は一兆四八〇〇億円とされた。しかし、実績は一日一万一九〇〇台であり、予想の半分にもならず、一九九九年度決算では料金収入一四四億円、管理費五四億円で、建設費借入金利子のみで四〇四億円、収支は△三一四億円となった。他の事業と合わせて収支を合わせている。

〔本州四国連絡橋〕

三本の橋の総事業費二兆九〇〇〇億円、有利子負債は三兆八〇〇〇億円、毎年の利子負担は一四〇〇億円、料金収入は九〇〇億円。料金で利子負担さえできない。

公団が民営化されるにあたって道路特定財源から一兆四七〇〇億円を繰入れ、差引の負債は二兆三三〇〇億円、利子率を一％としても毎年の利子負担は二三三億円になる。赤字構造は変らない。国土交通省は二〇一四年度から、本州四国連絡高速会社の債務と本州の三高速会社の債務をまとめて管理することとした。

〔静岡空港〕

静岡県の島田市と榛原町との間の高台に作られた地方空港で、滑走路の長さ二五〇〇メートル、建設費は約一九〇〇億円である。

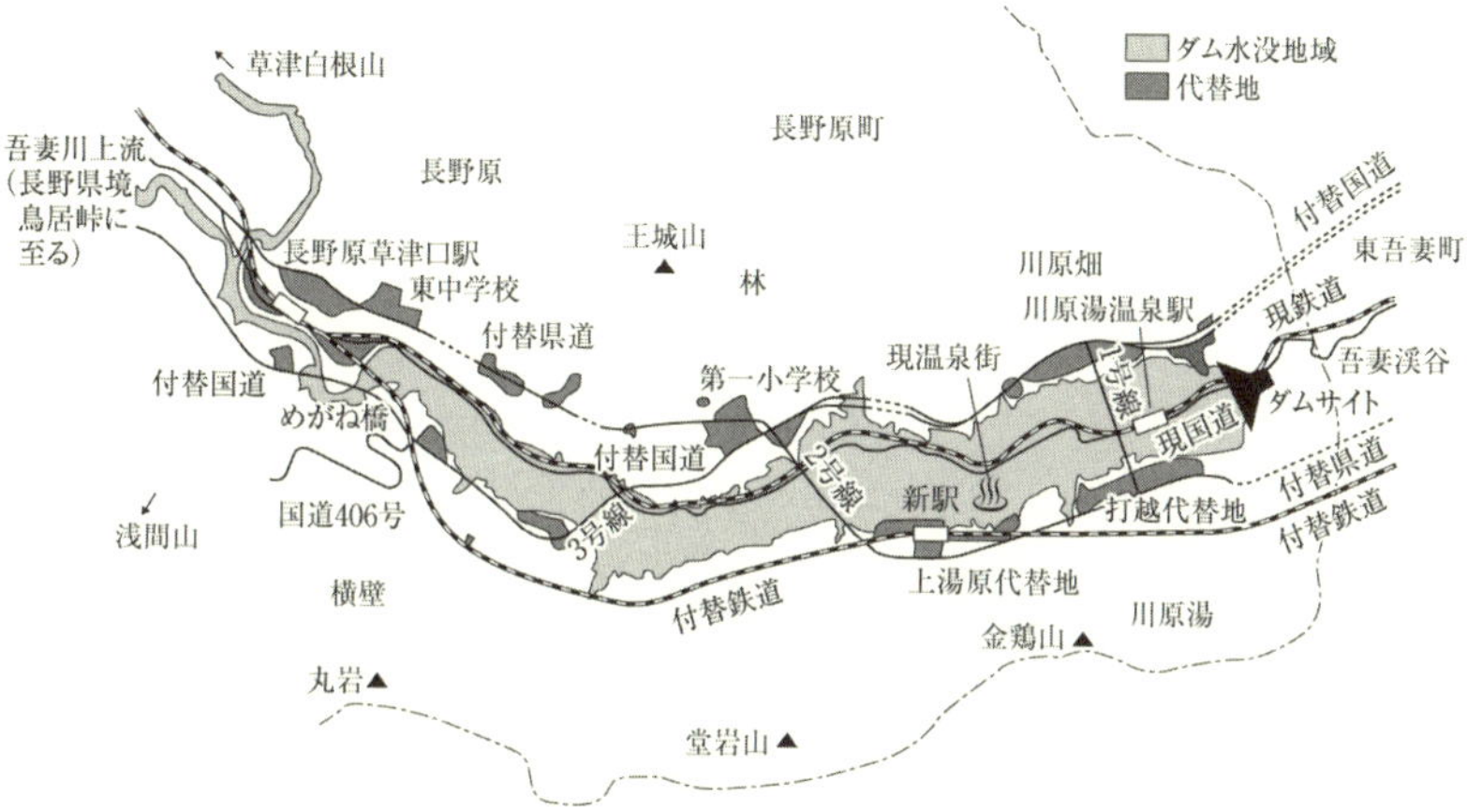

図表4−12　八ツ場ダム周辺地図

原典：国交省資料
出典：嶋津暉之・清澤洋子『八ツ場ダム』(2011年)

・東海道新幹線、東名高速、羽田空港、名古屋空港に近く、利用者が少ない。
・年間運営費五・二億円で一〇〇万人の利用者で収支が成立するとするが、甘い予測とみる。
・作ること自体が問題である。
九八ある空港の多くが赤字である。

(e) 八ツ場ダム

総事業費が約四六〇〇億円であり、利根川の支川吾妻川にダムを作り、首都圏に水道、工業用水を送り、併せて洪水調節をする。総貯水量は一億七五〇〇万立方メートルであり、矢木沢ダム二億四三〇〇万立方メートル、下久保ダム一億三〇〇〇万立方メートルに次いで大きい。参考図(図表4−12)を示す。関連事業を含めた事業費内訳(図表4−13)を示す。四六〇〇億に水源地域対策費等が加わる。

利水面の需要について、一九六〇年代では需要が

図表４－13　八ツ場ダム建設事業及び関連事業費試算

（単位：億円）

区　分	八ツ場ダム建設事業費		水源地域対策特別措置法	水源地域対策基金
群馬県	治水	239	79	17
	吾妻川流量維持	97		
	群馬県水道	92		
	藤岡市水道	23		
	群馬県工業用水道	18		
	群馬県発電	5		
埼玉県	治水	600	143	92
	埼玉県水道	772		
東京都	治水	540	131	84
	東京都水道	708		
千葉県	治水	579	61	39
	千葉県水道	152		
	北千葉広域水道	46		
	印旛沼市広域市町村	69		
	千葉県工業用水道	64		
茨城県	治水	420	26	17
	茨城県水道	142		
栃木県	治水	35		
国　費			504	
地元受益者負担金			53	
計		4600	997	249

出典：嶋津暉之・清澤洋子『八ツ場ダム』（2011年）

増大したが、首都圏の都市用水について一九九五年頃より減少している。この面では建設の理由が乏しい。

治水面の効果にも疑問が示される（嶋津暉之・清澤洋子『八ツ場ダム』）。

利根川治水計画のベースになっているのは一九四七年のカスリーン台風である。しかし、その再来を想定したときダムの治水効果はゼロに近い。八斗島（やったじま）の洪水ピーク流量の計算値は既設六ダムと八ツ場ダムを加えた場合、毎秒二万四二一立方メートルで、その効果は小さい。八ツ場ダム上流地域と利根川本流との降水が異なり、時間帯もズレているからである。

五〇年間の最大の洪水は一九九八年九月の台風五号である。その場合の効果は八斗島において最大一三センチメートルである。本川の堤防で確保すべき余裕幅は二メートルあり、十二分に余裕がある。

また、河道の整備、河床の掘削がなされており、大きな洪水がきても余裕がある。

〔海峡道路構想〕

全国六海峡を結ぶ海峡道路構想の復活の動きがある（二〇一三年一〇月二二日「朝日新聞」）。一九八七年の第四次全国総合開発計画で原案が出されたが凍結されてきた。図（図表4－14）を示す。

・東京湾口道路
・伊勢湾口道路
・紀淡海峡道路
・豊与海峡道路
・関門海峡道路
・島原・天草・長島連絡道路

予算化とは関係なく、次のことが検討される。

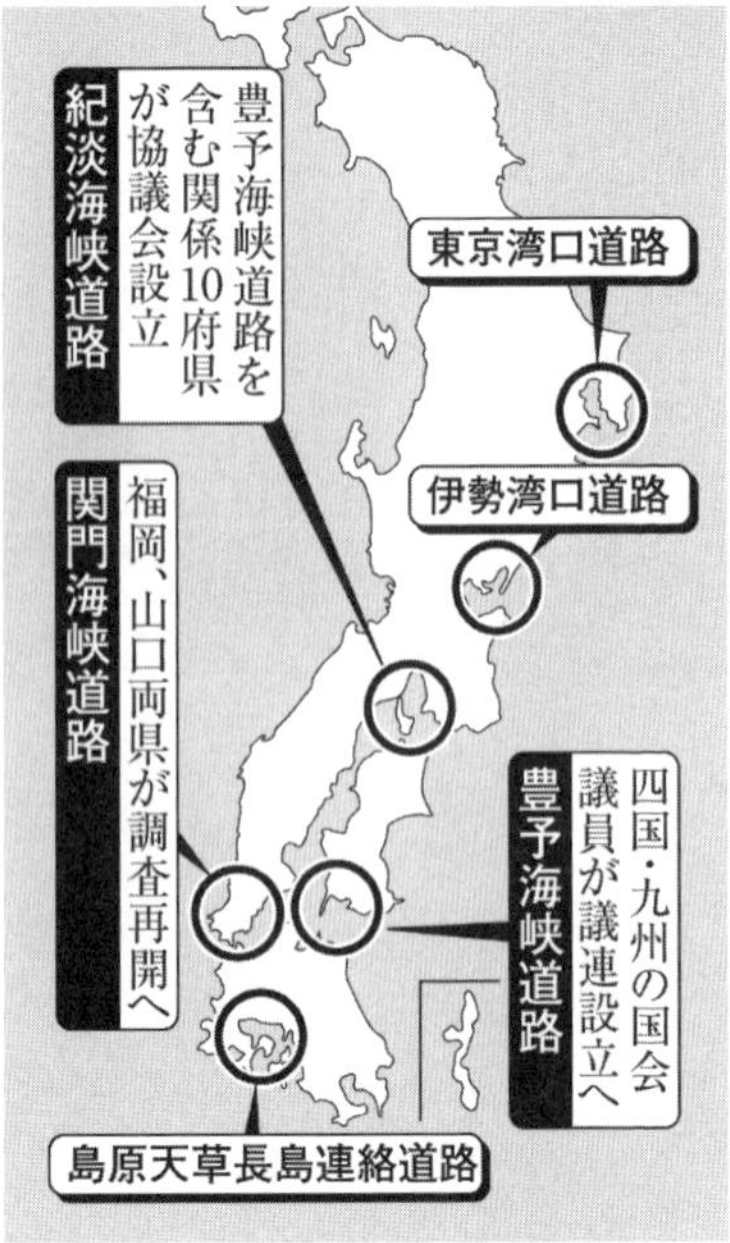

図表４－14　海峡横断プロジェクト６ルートと最近の地元自治体の動き

出典：「朝日新聞」2013年10月22日

・財政破綻的であり、消費税増税負担が重いなか、実施すべきであるか。

・総事業費は巨額であり、負担できるか。財源を借入金としたとき、料金収入で何年で回収できるのか。将来の負担はどうなるか。

・道路の効果・費用分析がきちんとなされるか。

・減価償却費相当額が積立てられるのか。現金会計をとるため、民間の会計処理でなされるべき処理がなされるか。積立金がなければ道路の将来の維持管理費用が支弁できなくなる。

・将来の通行量の予測。利用料金の予測

・全体の財政収支との関係

今までみてきた公共事業について次のことがいえる。

・費用便益効果やダムのアロケイションなどから本当に実施すべきものか。非効率事業にならないか。

・借入金、債券分は将来において巨額の負担となる。これと料金収入との関係。
・一つの例として二〇一三年一二月、国土交通省は高速道路料金を無料にする時期を二〇五〇年の予定から一五年延長することにした。首都高速など高速六社は旧道路公団が作った約四〇兆円の借金を料金収入で返済することになっており、二〇五〇年に返済予定であったが、返済できず、期間を延ばすことにした。このことについて、さらに、
。長期費用（減価償却費、補修、大規模改修費などと借入金利子及び元金）はいくらであるか。路線ごとの費用。
。道路通行量の算定
。料金の設定
などの問題がある。
首都高速の道路改修費は約六三〇〇億であり、一年間の料金収入の二・五倍になる。料金の設定そのものに大きな疑いが生じる。または維持費の見込みが大きく違っていた。
・既に投資した公共投資は巨額であり、その劣化や損耗による費用は増嵩する。
二〇一三年一二月、インフラの維持管理や更新費用は一〇年後には約五兆円になると国土交通省は発表した。

二〇一三年度　公共事業費総額　五・三兆円
　　　　　　老朽化対策費（国と自治体分）　三・六兆円
二〇二三年度　老朽化対策費　四・三〜五・一兆円
二〇三三年度　老朽化対策費　四・六〜五・五兆円

・借入金費用も増嵩する。この返済をきちんと算定しているか。
・費用効果分析が妥当な値になるか。高速道路、四国架橋、アクアラインなど収支のきわ立って悪いものがあった。同じ誤りをするのではないか。ダムの利水治水効果が妥当なものであるか。
・空港の収支予測。当初から赤字ではないのか。

赤字体質の公共事業は財政の破綻を加速させ、赤字の負担をする国民の生活をより圧迫する。その負担が税であっても、国債の元利金負担であっても、あまり変らない。

ケインズ理論とかけはなれた投資は国民生活を破壊する。投資の税負担、借入金の元利金負担、将来の改修費、補修費などがきちんと算定されなければならない。そしてそれらが負担しうるかどうかである。議員の利害等から決定されてはならない。

税金はただではない。借りた金は返さなくてはならない。公債は非生産的であり、歴史は公債が国を滅ぼすことも教える。

すべての税金は国民のポケットから取り出される額も、ポケットの外にとどめられる額も国庫に納入される額をできるだけ、わずかしか超えないように工夫されなければならない

（アダム・スミス、水田洋監訳、杉山忠平訳『国富論』第五編第二章）

五章　消費税・国債に頼らない財政収入改革を

主要な税収をみて検討する。

一　税率引き上げと平等な負担を　削減され続けた法人税

法人税は法人の事業活動から生じる所得に課税される。法人には会社や医療法人等の普通法人、農協などの協同組合、公益法人、外国法人などがある。全法人は約二六〇万あるが、ここでは普通法人を主にみる。

法人税収について、一九八九年度の約一九兆円がピークであり、その後は減少が続き、二〇〇九年度は約六・四兆円に落ちこんでいる。景気後退と法人税率の引き下げが作用している。

（一）法人税のしくみ

課税標準は各事業年度の所得額であり、

　　課税対象額＝益金の額－損金の額

である。これに法人税率を乗じて税額を算出するが、益金、損金に「租税特別措置法」（「措置法」と略す）や「別段の定め」規定があり、各種の措置が定められている。そのため、法人税は軽減されている。

法人税の納税義務者は法人であり、「自然人以外で法律上権利能力を有するものとして商法その他の法律により人格を付与された団体」とする。事業年度は各法人の会計期間による。通常四月～三月である。

税率（二〇〇九年）

・資本金額一億円超　　三〇％

・資本金一億円以下　（年八〇〇万円以下の所得）　一八％

　　　　　　　　　　（年八〇〇万円を超える部分について）　三〇％

税率が下がってきた経緯がある。

つぎに益金と損金をみる。
益金は、収益をベースに益金算入額を加算し、益金不算入額を減算する。
損金は、費用をベースに損金算入額を加算し、損金不算入額を減算する。
このプロセスで減税する措置が多い。

〔益金〕
・資産の販売（商品・製品等の販売収入など）
・有償による資産の譲渡（固定資産や有価証券の譲渡収入など）
・無償による資産の譲渡（資産の贈与）
・有償による役務の提供（請負その他の役務提供による収入など）
・無償による役務の提供（無利息の金銭貸付）
・無償による資産の譲受け（資産の受贈）
・その他の取引で資本等取引以外のもの（特別な評価益や損害賠償金）

〔損金〕
・売上原価、完成工事原価、その他これらに準ずる原価（販売した商品、製品等の売上原価、固定資産や有価証券の譲渡原価）
・販売費、一般管理費その他の費用の額（販売費、一般管理費、営業外費用等の諸経費）
・損失の額で資本等取引以外のもの（特別損失等）

ここで資本等取引は益金、損金から除かれる。資本等取引は法人の資本金等の額の増減と利益の配当または剰余金の分配である。

これ以外に法人税法では「別段の定め」として益金と損金について算入や不算入が定められている。租税負担の公平や政策目的から規定している。益金、損金を大きく増減させる。

〔益金に関するもの〕
- 受取配当等の全部または一部の益金の不算入
- 資産の評価益の益金不算入
- 還付金等の益金不算入
- 割賦販売等の収益計上時期の特例

〔損金に関するもの〕
- 資産の評価損の損金不算入
- 過大な役員報酬の損金不算入など
- 法人税額等の損金不算入
- 寄附金の損金不算入
- 法人税額から控除する所得税額
- 外国税額の損金不算入

・圧縮記帳額の損金算入
・貸倒引当金等の損金算入
・繰越欠損金の損金算入（損失の七年間繰りのべ）
・交際費等の損金不算入（交際費、接待費、機密費など）

「政策目的」のために「措置法」に定められている。ただし、資本金一億円未満では一部を損金に入れることを認めている。

減価償却費は損金算入になるが、法人が選定した方法によってなされることが重要である。法律では主として次を規定している。

・減価償却資産の範囲
・取得価額
・残存価額
・償却方法
・耐用年数
・減価償却の種類
・償却費の経理方法

償却資産は時の経過によって損耗、使用による減耗が生じるものであり、土地、借地権、電話加入権などは除外される。また、耐用年数一年未満または一個一〇万円未満のものは一括損金算入できる。

耐用年数については法律で定め、例えば、建物（コンクリート）五〇年、木造事務所二四年である。

償却方法として、

・定額法（取得価−残存価）×償却率
・定率法（取得価−期首償却累計）×償却率
・生産高比例法

このほか「措置法」により初年度特別償却や一定割合を割増し償却するものが認められており、投下資本を早く費用化できる。

引当金は「別段の定め」により損金経理に引き当てできる。貸倒引当金、退職給与引当金などがある。

準備金についても「措置法」により各種の準備金を規定している。

各事業年度の法人税額は所得（益金−損金）×法人税率を乗じて算出される。

原則として、

図表５－１　法人税の仕組（あらまし）

課税対象額　益金－損金 　益金：収益をベースに益金算入額を加算、益金不算入額を減算 　損金：費用をベースに益金算入額を加算、益金不算入額を減算
税額＝（益金－損金）× 法人税率－税額控除
税を調整または軽減する多くの措置がある。例を示す。 ・益金不算入　受取配当益金不算入 ・損金不算入　交際費損金不算入 ・損金算入　繰越欠損金の損金算入、一定の基準の役員の報酬 ・引当金 ｝「租税特別措置法」により各種ある ・準備金 ｝ ・減価償却費　各種の割増償却 ・法人税率　軽減税率がある。30％が基本 ・税額控除　「租税特別措置法」等による ・資本等取引は損金、益金から除外される（法人税の基本である） 　①法人の資本金の増加（増資）、減少（減資）を生じる取引 　②法人の利益の配当、剰余金の分配

・普通法人　三〇％
・資本金一億円以下の法人の年八〇〇万円以下
　の所得について一八％の軽減税率

算定した税額から次の税額控除がある。「措置法」や「法人税法」の定めによる。

〔措置法によるもの〕
・試験研究を行った場合
・エネルギー需給構造改革推進施設を取得した
　場合
・中小企業で機械を取得した場合
・事業基盤強化設備を取得した場合

〔法人税法によるもの〕
・所得税額の控除 ｝二重課税排除の目的から
・外国税額の控除 ｝行なわれる税額控除

これらの額の一定割合を税額控除する。

ここで法人税のおおよその仕組（図表５－１）

を示す。

（二）法人税の改革

法人税および法人税収について次のことがある。

①一九八九年度の一九兆円をピークに、その後の景気後退もあり、法人税収は二〇一二年度で約九兆円ほどであり、国税収入の中でも二〇％ほどにしかならない。税収は少なくなってきた。

②法人税には各種の軽減措置がある。各種の損金算入、益金不算入、有利な割増償却、引当金、準備金、税額控除など。

③法人税は製造業が基幹的であることを前提にして組み立てられている。しかし、その製造業の収益性が九〇年代以降低下してきた。

④減税が常に主張されてきた。減税要求の論拠とされてきたのは実効税率が諸外国に比べて高いとされ、近年低下してきた。しかし特別措置がきわめて多く、赤字法人が多いため、この論拠は正しくない。

⑤赤字法人が多い。中小企業の約七割、資本金一億円以上で約五割が赤字である（二〇一二年度）。

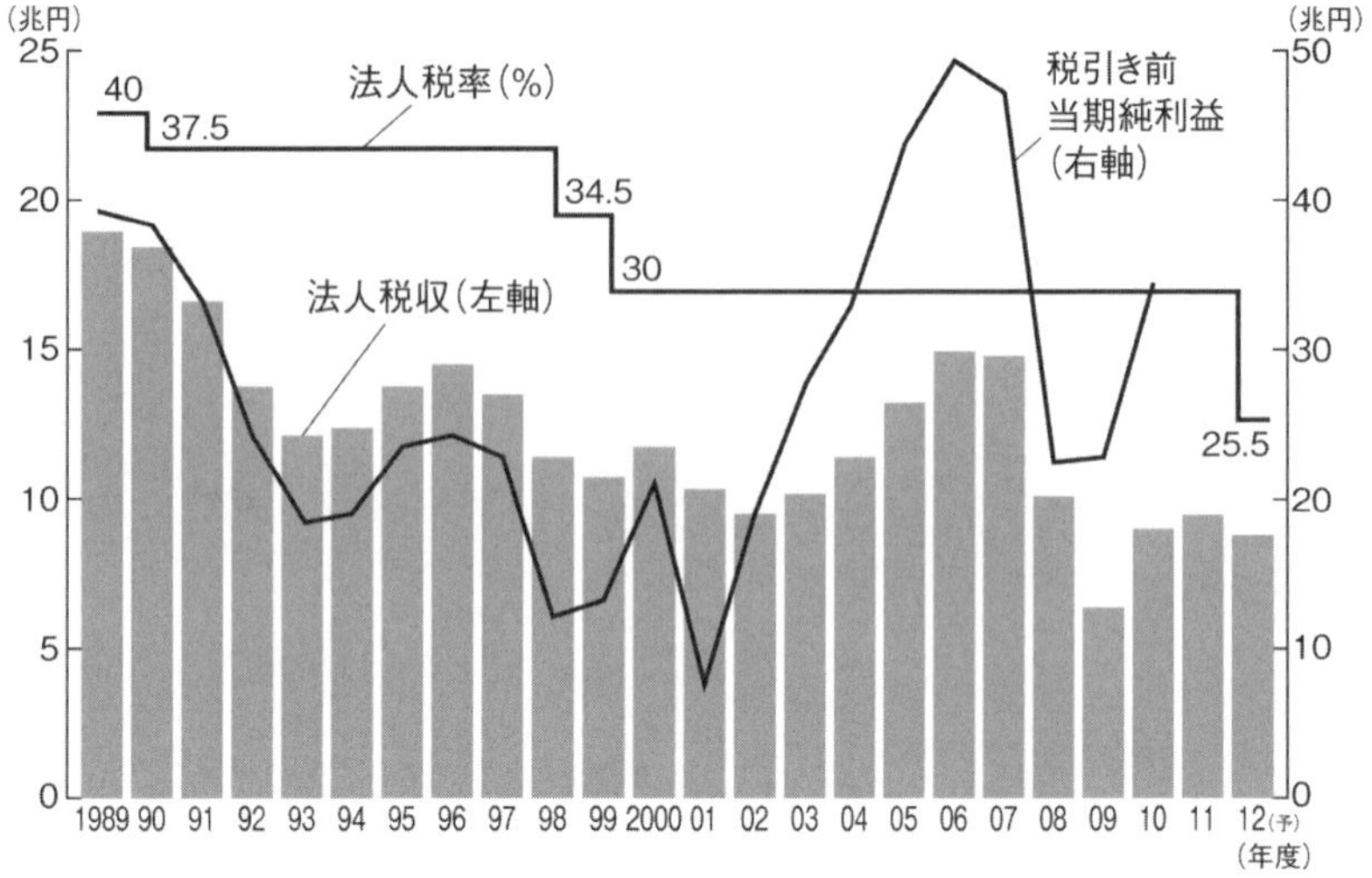

図表５－２　税引き前当期純利益と法人税収の関係

注：⑴法人税収は、2011年度までは決算額、2012年度は予算額による
　　⑵税引き前当期純利益は、法人企業統計調査（財務総合政策研究所）による
原典：財務省
出典：小黒一正『アベノミクスでも消費税は25％を超える』（2013年）

次の改革が求められる。

（a）法人税率

税率は削減一方である。

一九八六年　四三・三％
一九八九年　四〇％
一九九〇年　三七・五％
一九九八年　三四・五％
一九九九年　三〇％
二〇一二年　二五・五％

税収は図（図表5－2）のとおり減収が続き、二〇一二年度で九兆円ほどである（二五・五％は震災により適用見送り）。

地方税を含めると二〇一〇年度において国税二七・八九％、地方税一二・八％で、計四〇・六九％である（野口悠紀雄『大震災後の日本経済』）。

外国の例をみる（二〇一〇年）。
アメリカ　四〇・七五％
フランス　三三・三三％
ドイツ　　二九・四一％
イギリス　二八％
単純な比較では日本の税率は高い。しかし税務上の課税対象額は会計上の利益概念と異なり、多くの特別措置があり、益金を減らすもの、損金を増やすものがきわめて多い。
例を示す。
・益金を減らすもの——受取配当の益金不算入、資産の評価益の益金不算入。
・損金を増やすもの——貸倒引当金の損金算入、繰越欠損金の損金算入、交際費の損金算入、各種引当金、準備金の繰り入れ、割増償却。
さらに損失の七年間繰り延べがある。主要な金融機関で長期間、法人税を払っていない。
主要企業の法人三税負担率が示される（二〇〇八年三月期）。税引前利益と法人税、住民税、事業税の比率である（野口悠紀雄『大震災後の日本経済』）。
住友化学　　　二三・三％
トヨタ自動車　二九・五％

日産自動車	二四・八％
ホンダ	三三・〇％
ソニー	三五・九％

会社標本調査によると、二〇〇八年度において利益計上法人の申告所得は三五・二兆円、これに対して法人税は一〇・四兆円であるから、比率は二九・五％である。

法人税の実効税率は地方税分を含めた法人所得課税の税率である。

主な大企業の税負担率が計算されている（垣内亮『消費税が日本をダメにする』）。ここで二〇〇三〜一〇年度までの税引前当期純利益と八年間の法人税負担額の比率が算定されている。

神戸製鋼所	二四・三％
リコー	二五・六％
本田技研工業	二六・一％
トヨタ自動車	三〇・七％
キヤノン	三三・七％
上位五〇社	三三・〇％
上位一〇〇社	三三・四％
上位二〇〇社	三三・六％

上位三〇〇社　三三・八％

法人税の実行税率は三〇％ほどに推定される。

このほかにも、赤字法人は法人税を払っていない。加えて赤字法人の比率が高い。

・「地方税を含めた法人課税の実行税率は税引前当期利益に対する比率でみれば、二八・四〜三三・三％程度だ。大ざっぱには三割程度といってよいだろう。これは先進国の標準的な値とほぼ同じであり、格別高いわけでない」（前掲書）

・三〇％の税率そのものを見直す。

・二五・五％の税率は理解しがたい。

税収との関係でいえば景気変動（具体的に不況）と法人税率の低下があり、法人税収の低下といえる。これが国債残高の累増にもかかわらず実施されてきた。併せて、投資との関係が財政赤字との関係で明らかにされること。

（b）租税特別措置

各種の租税特別措置の抜本的見直しをする。法人税法の「別に定めるもの」も見直す。他の税にはないものである。

〔受取配当益金不算入〕

会社の利益は本来会社の株主の利益であり、個人株主には配当として渡り、その配当には分離課税される。そのため法人間の受取配当は課税対象から外している。不公平の批判が強く、益金不算入について一定割合に限定している。しかし「この制度によって課税対象にならない配当を受けているのは圧倒的に大企業で資本金一〇〇億円以上の法人が八〇％以上を占める」（三木義一『日本の税金　新版』）。法人擬制説に立つとしても、法人が配当を受けているのは明らかであり、利益に計上すべきである。

そして、法人間の受取配当にも法人税が二重三重に課せられ原資は少なくなることはやむをえない。現実に法人にも配当があることは疑いないからである。つまり法人実在説に立つといえる。さらに、その配当が個人株式の場合、二〇％の分離課税であることも税法上公平でない。

〔交際費の損金算入〕

交際費はもともと損金であったが、一九五四年に冗費の節約による企業経営の健全化と公正な競争をするために損金不算入となってきた。

交際費の定義として「措置法」により「交際費、接待費、機密費その他の費用で、法人が、その得意先、仕入先その他事業に関係のある者等に対する接待、供応、慰安、贈答その他これらに類する行為のために支出するもの（専ら従業員の慰安のために行われる運動会、演芸会、旅行等のために通常要する費用その他政令で定める費用を除く）」（法六一条の四）。

交際費等の損金算入限度額を示す。

◦資本金一億円以下の法人　年六〇〇万円に達するまでの金額の九〇％（二〇〇九年四月一日以後に終了する事業年度から定額控除限度額六〇〇〇万円）

◦資本金一億円以上の法人　ゼロ（金額損金不算入）

損金不算入となる交際費等の範囲から一人五〇〇〇円以下の飲食費を除外してきた。

次の問題点がある。

・交際費が冗費なら減少するはずであるが減少していない。特に資本金一億円以下の支出する交際費が六割を占める（三木義一『日本の税金 新版』）。

・資本金により損金算入または損金不算入とされ、統一されていない。

・損金不算入となる交際費にも除外がある。

その取り扱いについて全体的に統一されていない。損金算入限度額も扱いが異なる。さらに冗費かどうか課税官庁側では判断できない。

法人が支出した交際費等は営業活動上の経費であり、税法上も資本等取引以外であるから全て損金の性質であり、統一して損金にすべきである。

〔損失の七年間繰り延べ〕

損失を七年間繰り延べる。大きな金融機関でこれを使って数年間法人税を払っていないものがある。

損失を年度を越えて繰り延べすること及び他の税との公平さからみて、一年間のみの計上とする。

この他にも、企業を優遇した特別措置が多い。抜本的見直しをする。

（c）赤字法人

法人に所得がなければ課税されない。二〇一二年度において中小企業の七割が赤字、資本金一億円以上でも五割ほどが法人税を払っていない。

赤字であるが、その法人が存立できないわけでない。また、多額な準備金や引当金をもつものが多い。

赤字法人の推移をみる。

一九七〇年代　全法人の三割程度
一九八〇年代　〃　五割程度
一九九〇年代　〃　七割程度

全法人約二五〇万のうち、二〇〇〇年以降をみると、約七割が欠損法人、資本金一億超でも約五割が欠損法人である。つまり、大半の会社は法人税を負担していない。結果的に法人税収は法人のうちの少数の会社によって負担されている。

二〇一二年度において「法人の中の〇・〇三％の数しかない資本金一〇〇億円以上の企業が全体の三分の一を負担し、資本金一億円以上の法人を加えた〇・一％の法人で法人税収の六割以上を負担している」（三木義一『日本の税金 新版』）。負担がきわめてかたよっている。

そのうえ、各種の特別措置があるため、課税対象額は減る一方となる。その例として損失の七年間繰り延べがある。このため、長期間法人税を払わない企業が増える。

全体的に次がいえる。

・赤字法人が多い。
・各種の特別措置がある。他の税ではないものである。
・一九八九年以降、税率は四〇％→三〇％と大幅に引き下げられてきた。
・法人税収は減少するばかりである。

これらの矛盾を解決するため、赤字法人より一定額の法人税（仮称「法人基礎税」）をとる。その負担額について均等額または資本金別にする。

一社一〇〇万円とすると、赤字法人率を〇・六として、

100万円×250万×0.6＝1.5兆円

さらに広い立場からの提案がなされている（野口悠紀雄『大震災後の日本経済』）。法人税引き下げでなく、課税ベースの拡大をする。同時に特別措置を撤廃する。税率引き下げのみをすれば租税負担をする企業にかたより、特別措置を受ける企業に不公平な利益を与えるからである。

一つの提案として、付加価値を課税ベースとすれば五％の税率で一三兆円の収入になると試算されている（前掲書）。この理由として、

・付加価値は操作しにくい。
・公平であり、経済活動を乱さない。
・広くうすく課税できる。赤字法人も課税の可能性があり、課税ベースが広い。

企業が大きな利益をあげられないのは公共投資不足や法人税が理由ではない。これを法人税や過大な特別措置で対応しても、企業の収益構造は変らない。設備投資の低迷は投資の収益率が落ちているからであり、投資の減少が経済成長率を下げている。

ここで法人税と企業の投資行動との関係を改めて考える。

ケインズ理論をみる。投資を決定する要素は資本の限界効率と利子率である。

表　全工業の概況

	製造出荷額	付加価値	比率	法人税率	総固定資本形成
1980年	214兆円	71兆円	33%	40.0%	–
1990年	327兆円	121兆円	37%	37.5%	–
2000年	303兆円	112兆円	36%	30.0%	–
2009年	267兆円	80兆円	29%	30.0%	96兆円
2010年	290兆円	90兆円	31%	30.0%	96兆円

資本の限界効率はその資本資産からその存続期間を通じて得られるであろうと期待される収益によって与えられる年金の系列の現在値をその供給価格に等しくさせる割引率に相当するものである

（ケインズ著、塩野谷九十九訳『一般理論』）

企業者が資本資産の存続期間を通じて得られると期待する収益の年金系列をQ_1、Q_2、Q_3……Q_n、資本資産の供給価格（これが限界投資額である）をR、資本の限界効率をmとすれば、

$$R = \frac{Q_1}{(1+m)} + \frac{Q_2}{(1+m)^2} + \cdots\cdots \frac{Q_n}{(1+m)^2}$$

ここで資本限界効率は投資の増加によって逓減すると考えられる。なぜなら投資の増加につれて資本資産の供給価格は収獲逓減の作用により上がり、予想収益は低落する傾向にある。こうして資本の限界効率が利子率と一致するところまで投資は続けられる。

ここで重要なこととして、

・投資は限界効率と利子率が一致するところまで続けられる。法人税との関係でない。

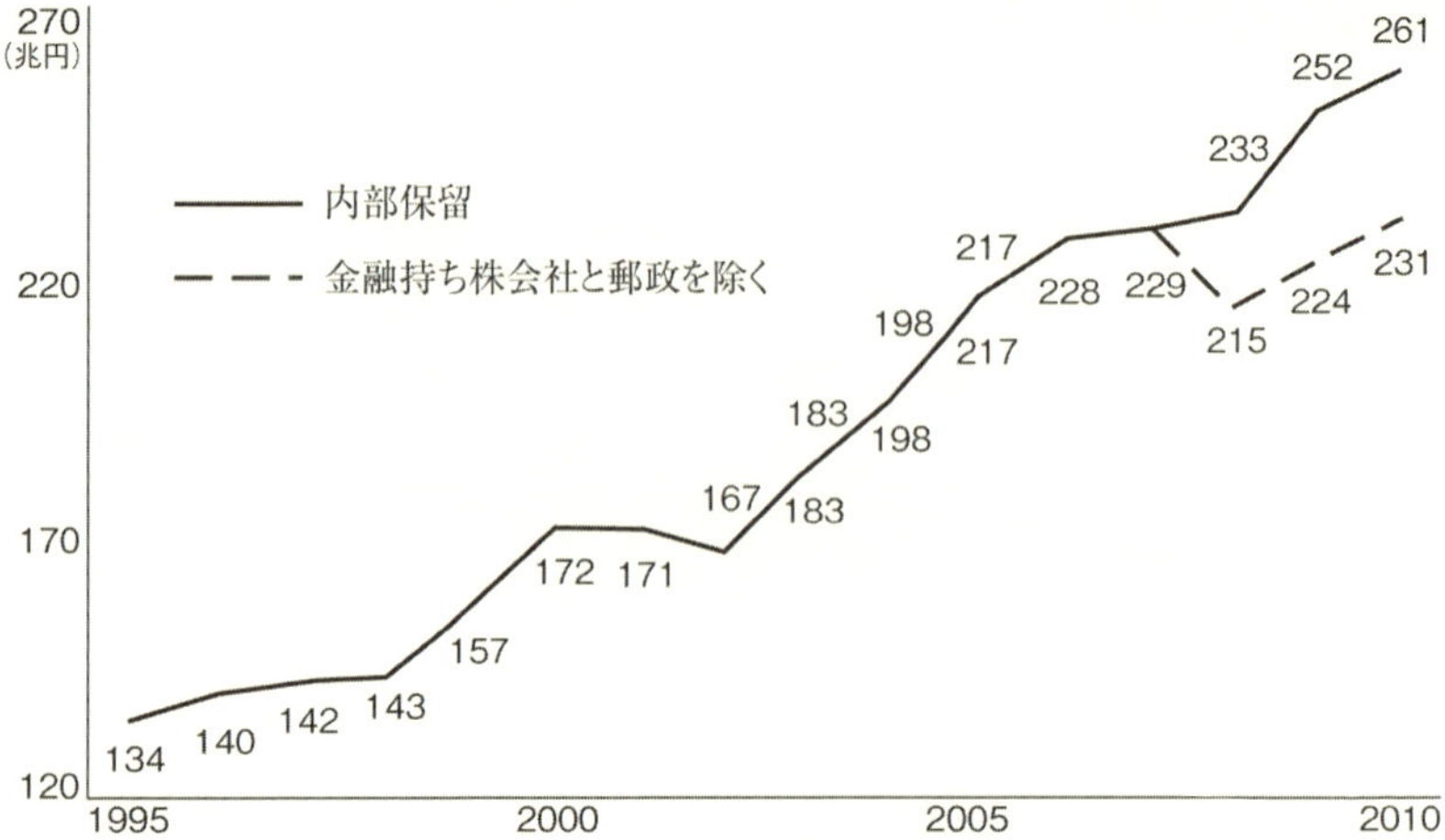

図表５－３　大企業の内部留保の推移

注：資本金10億円以上の大企業（金融・保険業を除く）の内部留保。2008年度から金融持ち株会社、2009年度から郵政３会社が集計対象になっている。点線は、金融持ち株会社と郵政３会社の決算データから内部留保を推計し、それを除いた値。

原典：財務省「法人企業統計調査」

出典：垣内亮『消費税が日本をダメにする』（2012年）

・予想収益は各種の経済状勢、円高、円安、投資そのものの収益などから決められ、法人税は大きな要素とならない。

最近の全工業の概況をみる（表。「日本国勢図会」一二／一三）。

・法人税は利益にかかり、企業のコストとならない。ただし、利益の一部は減らす。

・法人税率と付加価値とが直接関係しているようにとれない。二〇〇〇～一二年頃までの製造業の利益率は低下しているが、その低下は法人税を下げても生じている。

・赤字法人の割合が約七割と高い。大

部分の法人が法人税を払っていない。

・税引前当期利益と法人税収との関係（図表5－2）をみても、法人税は投資決定に大きく作用していない。

投資が借入金による場合、借入金利子は損金として課税対象額から差引きされ、法人税を増やすものでない。投資が株式による場合も法人税対象額からはずれる。

企業の内部留保は増える一方である。その推移（図表5－3）を引用する（垣内亮『消費税が日本をダメにする』）。

一九九五年度　約一三四兆円

二〇一〇年度　約二六一兆円

内部資金により投資をする場合でも法人税とは関係しない。手持ち源資によるからである。

ここまでの分析により、法人税と投資との関係として理論上、高率な赤字法人の割合および投資源資との関係からほとんど相関がない。投資を決めるものは経済状勢を考えたうえで長期の資本収益であり、法人税ではない。

財政との関係でいえば、財政赤字にかかわらず、法人税を下げて企業をより助けることになる。その一方で投資額が増えるわけでない。

大部分の法人が税を払わず、その一方で巨額の積立金を持ち、各種の特別措置があり、課税対象額自体が公正に算出されていない。

今以上の優遇は税体系をますますイビツにする。それを直せずに消費税のみ増税するなら、税の不公平は拡大する一方である。

そして法人減税→投資増となるわけでない。

（d）公益法人

公益法人について次である（三木義一『日本の税金 新版』）。

民法三四条法人	二万六〇〇〇社	一〇・三％
学校法人	八〇〇〇社	三・〇％
社会福祉法人	一万七〇〇〇社	六・五％
宗教法人	一八万三〇〇〇社	七一・五％
その他	二万二〇〇〇社	八・七％
（計）	二五万六〇〇〇社	一〇〇・〇％

公益法人等、協同組合および特定の医療法人には一八％の軽減税率が適用される。この税率が適用されるものは約二六万あり、公益目的以外の収益事業に対しては法人税が課されるが、

普通の法人と比べて低い。例として、公益法人が一般の法人がする出版販売をしても軽減される、この場合の一八%の税率も検討されることが必要である。

公益法人でも公益以外の目的の収益には普通の法人への税率とあまり変らない税でもおかしくない。公益法人を隠れ蓑にして大きな収益があげられている疑いがあるからである。

税の内訳を示す。

協同組合等……すべての所得に対して低率課税

公益法人……収益事業から生じた所得に対してのみ低率課税

人格のない社団……収益事業から生じた所得についてのみ普通税率

二　高額所得者には相応の負担を　広がり続ける所得税負担

(一)　所得税のしくみ

給与所得を中心に考える。

総合課税される収入の納税計算として、

収入－（必要経費＋所得控除）＝課税所得額
（課税所得額×税率）－税額控除＝納付税額

収入には給与、利子、配当、退職所得、山林所得、譲渡所得、一時所得、雑所得などがある。それぞれ収入額から所得額を算出する方式が異なる。具体的な例を示す。

利子　収入金額＝利子所得
配当　収入金額－負債利子＝配当所得
退職　（収入金額－退職所得控除）×1／2＝退職所得
山林　収入－（必要経費＋特別控除）＝山林所得
一時　収入－（収入を得るための支出＋特別控除）＝一時所得
年金　収入－年金控除＝年金（雑所得）

所得控除として基礎控除、配偶者控除、配偶者特別控除、扶養控除、障害者控除、寡婦（夫）控除、勤労学生控除などがある。
これ以外にも雑損控除、医療費控除、社会保険料控除、生命保険料控除、寄附金控除などがある。

課税所得に適用される税率として二〇一二年における超過累進税率である。

一九五万円以下の金額	五％
一九五万円を超え三三〇万円以下	一〇％
三三〇万円を超え六九五万円以下	二〇％
六九五万円を超え九〇〇万円以下	二三％
九〇〇万円を超え一八〇〇万円以下	三三％
一八〇〇万円～	四〇％

例として、八〇〇万円の所得について税額をみる。

195万	× 5%	9.75万円	120.4万円
（330－195）	×10%	13.5	
（695－330）	×20%	73	
（800－695）	×23%	24.15	

120.4÷800万円＝15.0％

一九九五年においては、

〇　～	三三〇万円	一〇％
三三〇万円超～	九〇〇万円	二〇％

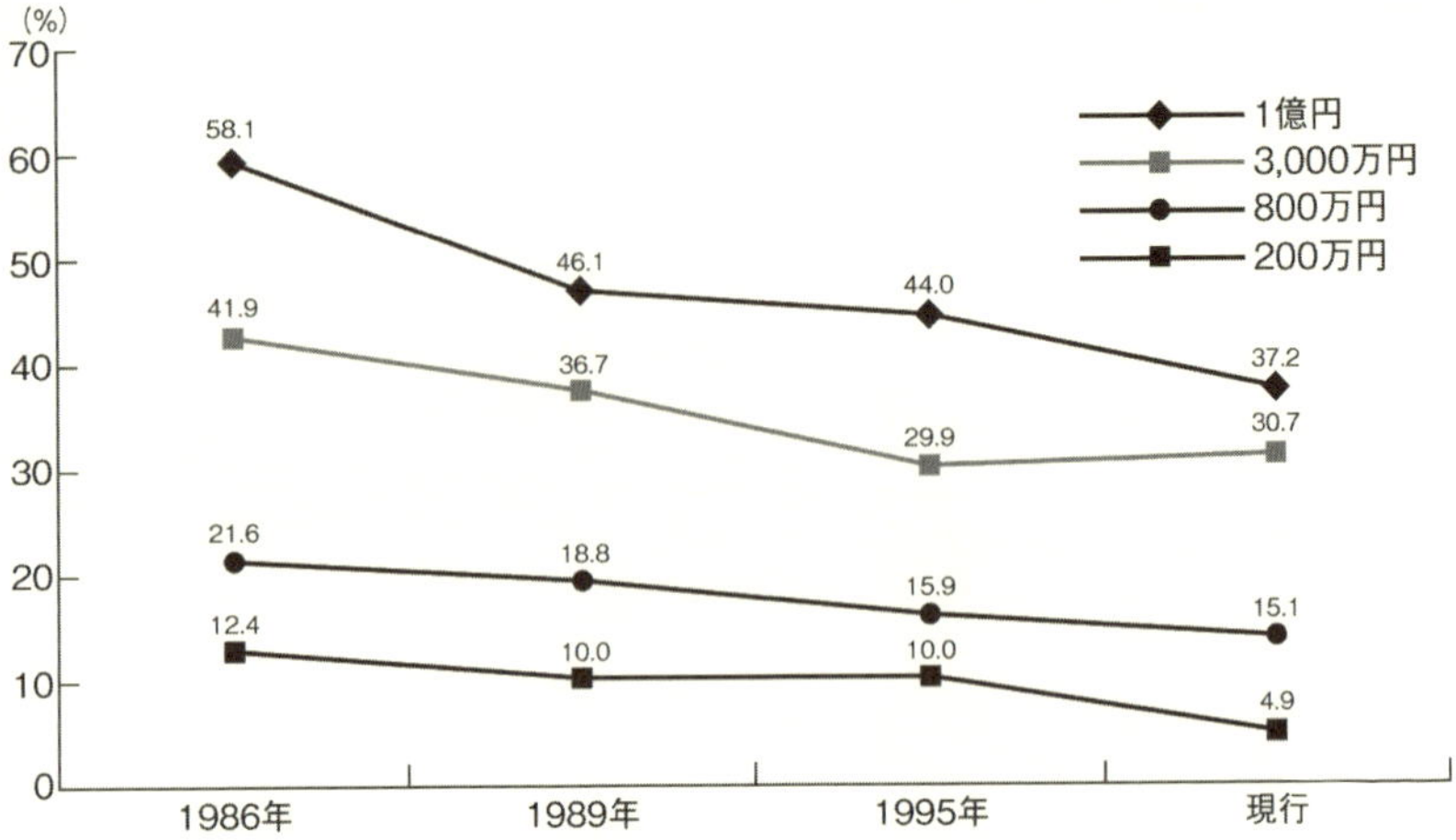

図表5－4　課税所得階層別の租税負担率の推移

注：各時点の税率構造をもとに作成
出典：醍醐聰『消費増税の大罪』(2012年)

三三〇万円超～　一八〇〇万円　三〇％
一八〇〇万円超～三〇〇〇万円　四〇％
三〇〇〇万円～　五〇％

四〇〇万円と一〇〇〇万円の場合の税負担率をみる。

	〔四〇〇万円〕	〔一〇〇〇万円〕
一九八九年	一二・五％	二一・〇％
一九九五年	一一・七％	一七・七％
二〇一二年	九・三％	一七・六％

一九八九年～二〇一二年において税は軽減されてきた。

(二)　格差が開く所得税租税負担率の現状

一九八九～二〇一二年をみると、最低区分が五〇万円から一九五万円に引き上げられる一方、税率は一〇％から五％に変り、最高税率は七〇％か

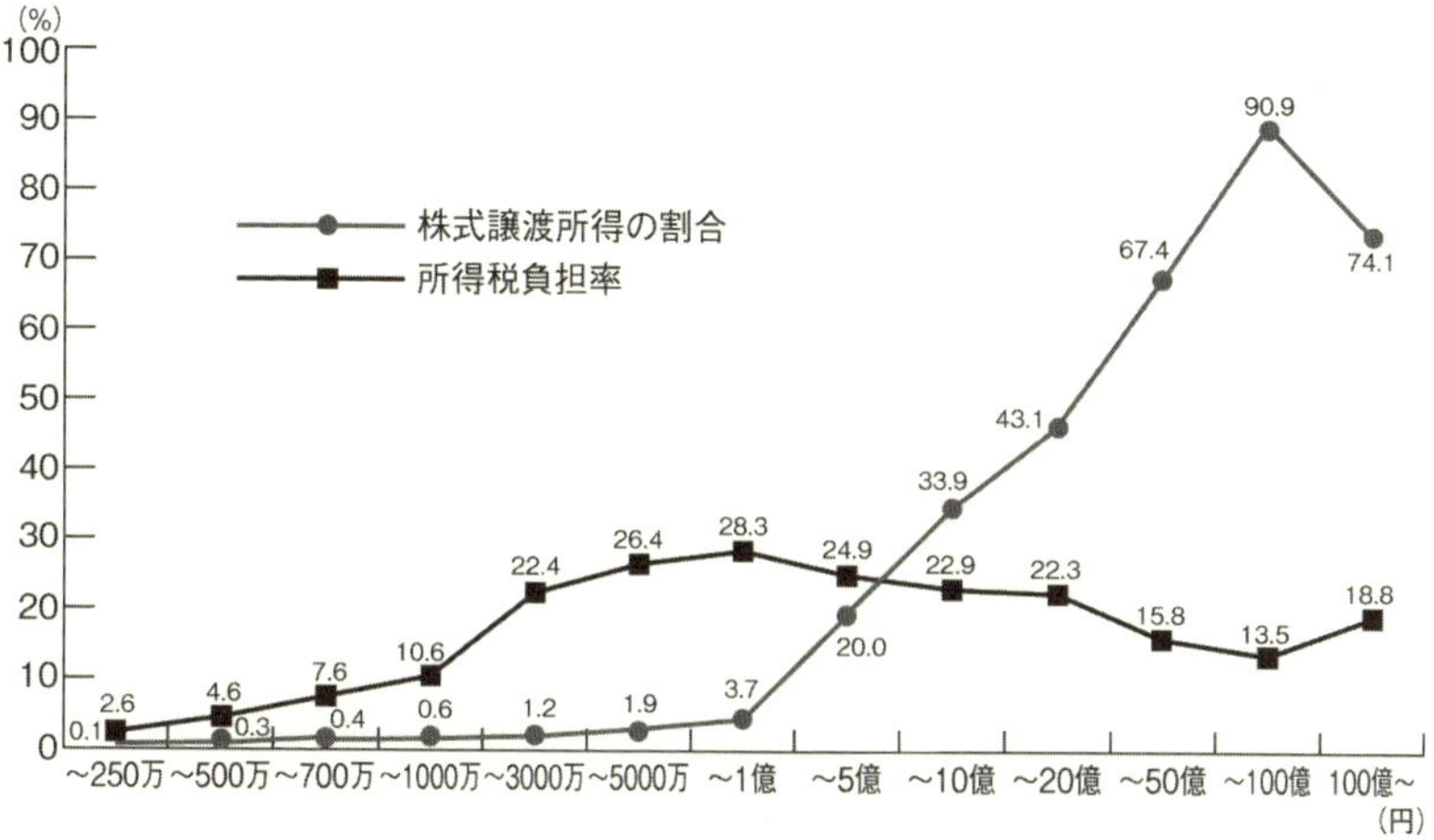

図表５－５　申告納税者の所得税負担率と株式譲渡所得の割合

原典：財務省「参考資料（所得税）」2011年12月20日、第５回社会保障税一体改革作業チーム資料より作成

出典：醍醐聰『消費増税の大罪』(2012年)

ら四〇％に大幅に引き下げられた。そして所得階層別の租税負担率の推移について、全ての人で税負担率が下がっている。負担率の軽減の程度について、所得の高い一億円および三〇〇〇万円の階層の人の方が他の階層の人より下がっている。参考図（図表５－４）を示す。

さらに現行の税制において、年間所得五〇〇〇万円～一億円を境にして、所得が増えるほど税負担率が下がっている。図（図表５－５）を示す。これに利子や配当が加わり高額所得者の税負担率を下げる（醍醐聰『消費増税の大罪』）。所得税上からも所得格差を広げてきた。

これが生じたのは、

・消費税導入前と比べて最高税率が七〇％から四〇％に引き下げられた。

・税率の刻みが一五から六へと大幅に減らされた。

・高額所得者ほど配当や利子所得が多く、それらが低率分離課税である。これらを一口でいえば、財政赤字にかかわらず高額所得者が優遇されてきた。これらのため全体所得税収入は激減してきた。これ以外にも給与や賃金の伸びが小さかった。これらの是正もされてこなかった。

㈢ 所得税の不公平

給与所得は金額がわかっており、源泉徴収される。他の所得は申告があるが完全に捕捉されていない。改善が望まれる。

給与所得　約九割把握
事業所得　約六割把握
農業所得　約四割把握

さらに利子、配当、不動産譲渡などの所得がある。それらの税について簡単化すると、

利　　子　二〇％源泉徴収
配当分配金　二〇％源泉徴収
株式売却益　二〇％源泉徴収
事業所得　　必要経費の実額控除、申告納税

譲渡所得　分離課税、一定の控除、申告納税

これらの制度のため、高額所得者の実際の負担率は合計所得が一億円を超えると低くなっている（三木義一『日本の税金 新版』）。

二〇〇八年において、図表5－5によると二五〇万～一億について租税負担率は二・五％から二八・三％に上昇するが、一億円を超えると二二・九％、一三・五％と急速に低下している。明らかに公平でない。そのうえに税の捕捉率の差もある。

（四）所得税の改革

所得税の税率構造の推移表（図表5－6）をみる。

ここで次が生じている。

・最低区分が五〇万円から一九五万円に引き上げられた。
・最高税率が七〇％から五〇％へと引き下げられた。
・税率のきざみが一五から六へと簡素化された。
・課税所得のはい上がり（所得上昇により上位の税率が適用されること）がされにくくなり、税負担が軽減した。

これらにより少額課税対象者の税も少なくなったが、三〇〇〇万円以上の人にとって、より

図表5－6　所得税の税率構造の推移　（単位：万円、％）

1986年	1989年	1995年	2012年
～50万円　10%			
～120　12			
～200　14			～195万円　5％
～300　17	～300万円　10%	～330万円　10%	～330　10
～400　21			
～600　25	～600　20		～695　20
～800　30		～900　20	～900　23
～1000　35	～1000　30		
～1200　40			
～1500　45			～1800　33
		～1800　30	1800～　40
～2000　50	～2000　40		
～3000　55	2000～　50	～3000　40	
～5000　60		3000～　50	
～8000　65			
8000～　70			

注：⑴総所得－各種所得控除＝課税総所得、税＝課税総所得 × 累進税率
⑵1989年に消費税３％導入
⑶～195万円は195万円以下のことである（以下同様）

大きな軽減になった。高額所得者にはこれ以外にも株などの配当や利子があるから、さらに大きな軽減になった。

そして、税率以外にも必要経費や給与所得控除の拡大がなされ、収入から各種控除が引かれ、課税対象所得は大きく減少してきた。

実際の所得税収入（概算）をみる。

一九八九年度　約二一兆円
一九九五年度　約二〇兆円
二〇一二年度　約一三兆円

二〇一二年二月の「社会保障・税一体改革大綱」では次のことをいっているが、税の欠点を直すことはしてこなかった。

・中堅所得者の負担減をはかるため、一九八五年以降、税率構造の大幅緩

和をしてきた。
・平均的な所得が下方シフトする一方で、高額所得者の割合が高まり、格差が拡大してきた。
・所得税の累進構造が低下し、所得税による所得再配分機能は低下している。
・消費税をさらに高めることを考えると、高額所得層により多く負担してもらう所得再分配機能の回復をはかる。

改革は大綱どおりにはなされなかった。
次の改革が求められる。
・財政の破綻的状況をさけて、収入を増やすこと、捕捉率を高めること。
・所得税の累進的税率構造を高める。例えば、一九九五年の税率に戻すだけで、所得の構造が同じ（実際にはデフレが生じてきて減少である）とすると、所得税収は二〇兆円となる。
・高額所得者については少なくとも五〇％以上にする。
・所得税の再配分機能を高める。

国債以外の収入が大きく減少し、社会保障費が増え続け、破綻的である。その一方で消費増税のみが実行されれば貧困者が増え、それは社会保障費の増大となる。医療費、生活保護費、失業対策費等が増大するばかりとなる。それは負のスパイラルである。消費増税以前に、法人税や所得税の真の改革が求められる。

収入を増やし、支出を減らす以外にない。破綻的状態を引き起こしてきた政権の考え方にも大きな反省が求められる。

三　消費税への提言

消費税は一九八九年度から導入され、二〇〇七年度に三％から五％に引き上げられ、二〇一四年度から八％に引き上げである。二〇一五年度一〇％予定。

最近の消費税額は約一〇兆円で推移しており、一〇兆円を五％で除すと約二兆円となる。五％のうち一％は地方消費税となる。

（一）導入の理論

ケインズ主義的財政論からは財政の三つの機能である資源配分、所得再配分、経済安定化機能を重視して高額所得者に多く課税する所得税の累進課税や法人税が中心であり、その財源をもとにして福祉的な予算を組むことが主張されてきた。しかし、日本では国債の一方的な累増となるばかりで、大幅な赤字となってきた。その財政の運営はケインズ理論とはほとんど関係ない。

そして、税収が大きく落ちこむと新自由主義が主張され、市場に対して中立的なものとして消費税が主張されてきた。二〇一四年度からの三％の引き上げについては消費税を主要財源とする福祉の充実がいわれてきた。

しかし、消費税の景気に対する中立性はありえない。消費税は消費支出に課税されるから、消費をより削減する。さらに、生活必需品や食料品も全ての人に一定額消費される。したがって所得の少ない人にはその租税負担率は高くなる。これをさけるために食料品の税を五％にとどめておくのは一つの政策となる。

格差を広げるものとして財政面から、

・消費税の一律賦課
・所得税の高額所得者に対する累進税率の不徹底または税率軽減
・規制緩和によるパート、派遣、契約社員の増加。労働市場の規制緩和
・労働分配率の低下
・役員賞与の増大
・配当や利子への軽減措置

などがある。分配の不平等をなくすことは経済成長や景気の回復にとって大切である。低額所得者の消費が増えることは直接的にＧＤＰを大きくする。

ケインズにいわれるまでもなく、「すべての物は労働によって生産される」（ケインズ『一般

理論』)。

　そして人間の労働が再生産の基本であり、人間の能力が十分発揮されることが大切である。会社のみ繁栄しても福祉の増進はない。

（二）消費税のしくみ

消費税の納税義務者は事業者であり、税分は価格に転嫁されることを予定している。財やサービスの売上げを対象とする。
・基本的に国内でなされる全ての財、サービスの販売提供に課税する。
・製造、流通、小売、サービスなどの事業者が納税義務者となる。
・仕入控除があり、売上げに係る税額から仕入れに係る税額を引いた差額を納める。
・輸出取引には課税されず、輸入取引には輸入品を引き取る者が納税義務者となる。
・実務として簡易課税制度がとられる。課税対象が一定の金額（五〇〇〇万円）以内ならば、売上高をもとに消費税の納付額を計算する。
〔本則〕
　課税売上高×消費税率－課税仕入高×消費税率
〔特例〕
課税売上高×消費税率－課税売上高×みなし仕入率

中小企業事業者の事務負担を減らすためにとられた。みなし仕入率は卸売業九〇%、小売業八〇%、製造業七〇%、サービス業五〇%、その他事業六〇%とされる。届出によって実施される。

・事業者免税点制度

個人は前々年、法人なら前々事業年度の課税売上高が一〇〇〇万円以下の小規模事業者について、納付義務を免除する。

・低所得者ほど消費性向が高く、増税の場合、低所得者は必需的支出が多く、高所得者は削減が容易な支出が多いため、税は逆進的な負担となる。

(三) 消費税の細目

税の性質として納税義務は事業者が負う間接税。

取引について課税取引、不課税取引、非課税取引に分け、課税取引について、売上げによる消費税額からは仕入等による支払った消費税を引くことによって納付税額を定める。

〔不課税取引〕

・事業者に該当しない者が行う取引

・資産の譲渡になるが、無償の取引

・資産の譲渡等にあたらない取引
・国外で行う取引
例としてサラリーマンの自家用車の売却、試供品の無償提供、配当金、保険金、寄附金、見舞金、損害賠償金、資産の廃棄、盗難、国外取引

〔消費税の非課税〕
法律で限定している。
・課税になじまないもの——土地の譲渡および貸付、有価証券・支払手段の譲渡、貸付利子、保険料、郵便切手・印紙の譲渡、行政手数料、国際郵便為替
・社会政策的配慮——医療の給付、介護サービス、助産、埋葬料・火葬料、身体障害者用の物品譲渡、学校教育、教科用図書、在宅貸付

〔納付税額の計算〕
売上げにより預かった消費税額 － 仕入等により支払った消費税額 ＝ 納付税額
（課税売上×税率）　（課税仕入×税率）
計算方法について、原則計算（実際の仕入等の額をもとにした税額）と簡易課税方式（売上

げ等の額をもとにして消費税を計算）がある。
消費税の内訳として五％のとき、国…四％、地方…一％となる。
計算例として仕入一八九〇万、一般管理費一六八〇万、給与六三〇万、車輌購入二一〇万とする。
〔原則計算〕
合計仕入額＝1890＋1680－630＋210＝3150万円（税込）
3150万円×5／105＝150万円（仕入等の税）
この金額を売り上げにかかる税から引く。
・原則計算には課税仕入れの相手方、年月日、課税仕入れにかかる資産の内容等を記しておく。
・仕入れ等の相手方の書類の保存をする。
・このため事務負担が大きい。
・預かった消費税が支払分より多いとき還付される。
〔簡易課税〕
売上げにより預かった消費税額に一定の割合を乗じて「仕入れにより支払った消費税額」を

計算する。売上げのみ把握できれば納付税額が計算できる。

課税売上げが五〇〇〇万以下の納税者で届出をすることが必要である。二年間、変更ができない。

〔課税対象〕

・国内で行われる取引

・輸入取引（保税地域から外国貨物を引き取る）

具体的なものとして国内で行うもの、事業者が事業として行うもの、対価を得て行うもの、資産の譲渡等であること。

資産の譲渡の例として、資産の譲渡、資産の貸付け、役務の提供などがある。

〔輸出免税〕

課税事業者が行う課税資産の譲渡のうち、輸出取引は消費税を免除する。日本国外の消費者に日本の消費税を負担させるからとする。仕入にかかる消費税の控除がある。

〔課税期間〕

通常の場合、一月一日～一二月三一日。

〔免税業者〕

前々年または前年の課税売上高一〇〇〇万円以下の場合、免税事業者となり、確定申告の必要もなくなる（消費税法九条）。

（四）消費税の問題点

①税収全体が減り、国債累増のため財政は破綻的である。このとき、消費税の五％から八％への引き上げが他の法人税や所得税の改革なしになされること。

②逆進性

二〇一一年に税率を二％引き上げた場合、年収五〇〇万円の世帯では消費税の負担増加額は約四万二〇〇〇円、年収一〇〇〇万円では七万三〇〇〇円負担増となり、年収に対する負担増の比率は年収一〇〇〇万円世帯では〇・七三％。五〇〇万円世帯では〇・八四％となるとする（小此木潔『消費税をどうするか』）。

現在の五％における消費税の逆進性を示す図（図表5－7）を示す。逆進性の理由は低所得者の方が食費や生活必需品など生計に不可欠な支出の割合が高いためである。税率が高くなるほど逆進性は高まる。

食料品について五％にする案が検討されること。

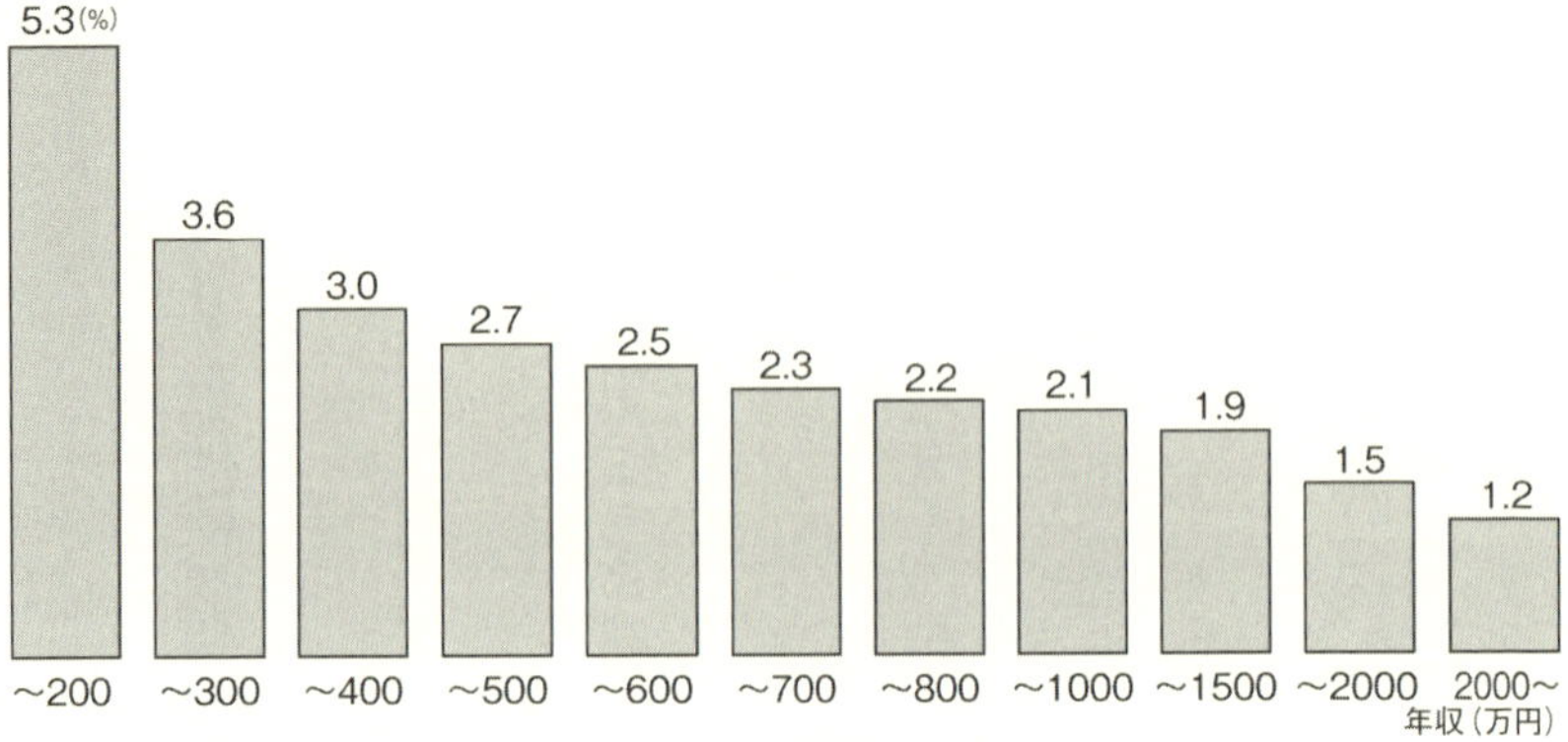

図表５－７　消費税の逆進性

注：最下層で負担率が５％を超えてしまうのは、貯蓄を取り崩して年収以上に消費しているためである。
原典：総務省「全国消費実態調査」（2009年）の勤労者世帯データによる。消費税負担額の年収に対する割合。
出典：垣内亮『消費税が日本をダメにする』（2012年）

③インボイス

ヨーロッパの付加価値税では累積課税をさけるため取引の各段階で売り手から買い手に引き渡される書類「インボイス」が発行される。売上伝票のようなもので、販売額とともにそれに含まれる消費税額が記される。購入者は「売上高×消費税率」からインボイスにある税額（仕入額×税率）を控除したものを納税額とする。

・インボイスは累積課税を解消する。
・脱税を自動的に防ぐ。消費税を納税しない業者はインボイスを発行できないからである。
・インボイスがあるために零細業者であっても税額分だけ価格を引き上げる手段になる。すなわち、零細業者であっても税額を次段階に転嫁できる。

日本ではインボイスがなく、前段階税額控除は「仕入額×税率」が前段階で確実に納税され、その額が仕入額に含まれていると仮定して計算する。その欠点があげられる（野口悠紀雄『日本を破滅から救うための経済学』など）。

(イ)前段階の事業者は免税業者であっても、脱税業者であっても控除をする。過大な控除となりやすい。

(ロ)合法的な免税要請が高まる。現在では年間売上一〇〇〇万円未満では免税となる。税率が高くなると免税を求める要請が高まる。

(ハ)零細業者が税を転嫁することが難しくなる。消費税の全部または一部を価格に上乗せできず販売する。または力の大きな業者に納品するとき税分を上乗せできない。いわゆる損税の問題である。

(ニ)インボイスがないと食料品などの生活必需品を非課税にできない。最終段階での課税をしないとしても仕入れに含まれている税まで控除できず、消費者は負担せざるをえない。

食料品だけを異なる税率にするにしても同様なことが生じる。インボイスがないから他のものと同様な税率を負担せざるをえない。

ただし、インボイスは大きな手数と税務関係者の負担増を生じる。そうであっても、インボイスを実施する意義は大きい。

・脱税業者を排除できる。

・食料品だけを異なる税率にできる（ただし、食料品の厳格な定義が求められる）。
・負担の公平をはかれる。

⑤免税業者（一〇〇〇万円以下）の益税

前々年又は前々事業年度の課税売上高が一〇〇〇万円以下の場合、免税事業者となる。

「六〇〇万円の仕入れで一〇〇〇万円の売上げがあった場合、六〇〇万円の仕入れに対して三〇万円の消費税を負担する。一〇〇〇万円の売上げについて五％の値上げをすると、一〇五〇万円の売上げになり、売上げには消費税がかからないので、仕入れの際の三〇万を引いても、従来より二〇万円多く売上げが増える。これは消費者が負担したもので、いわば益税となる」（三木義一『日本の税金　新版』）。

事業者（個人二八一万、法人二八六万、計五六七万）のうち約六〇％が課税業者であるにすぎない（二〇〇六年）。一方、消費者は税を負担している。

課税事業者の申告件数が計算されている（前掲書）。

	〔二〇〇四年度〕	〔二〇〇五年度〕
個人	四二万件	一五八万件
法人	一七一万件	二一六万件
(計)	二一三万件	三七四万件

374／567≒65％

約三五％のものが免税業者と推定される。これをもとに益税を推定する。益税割合を一～二％とすると、

1000万円×（1～2％）×374万×0.35≒1.3～2.6兆円

このような制度は諸外国にもあるが、ＥＵ諸国の大半はその限度額は一〇〇万円とされる。きわめて不公平である。消費者は全額消費税を払っているからである。これは事業者間でもいえる。

⑥雇用の派遣化につながる。

労働者に払う賃金には消費税を上乗せして払っていないので「仕入税額控除」の対象にならない。しかし、労働者を派遣労働者にきりかえて派遣会社に「派遣料」を払うと、消費税がかかり、「仕入税額控除」の対象となり、その分だけ消費税が減る。

消費税は派遣労働者を増やす側面がある。

(五) 消費税増税論の根拠を検証する

二〇一四年度に三%増、二〇一五年度に二%増が予定されている。その増税の論拠を吟味する。各説をあげる。

①消費税と所得税とを比べると、消費税の方が経済活動に大きく影響せず、資源の効率的配分に役立つ。また、経済成長を大きく阻害しない。

②所得税は景気変動に左右され、安定した税収になりにくい。法人税についても赤字の法人が多く、収入が景気に敏感に左右される。個人の消費は景気の変動に左右されにくいので、所得税や法人税と比べて安定した財源になる。税収も大きい。

③日本の税制は諸外国に比べて直接税の比重が高いので、間接税である消費税を増税して直間比率(直接税と間接税の比率)を是正する必要がある。

④所得税増税は税の不公平感が強まる。所得税の支払者は一定以上の収入に限られ、この増税は税の不平等を強める。加えて所得の捕捉にも限界があり、増税は不公平を高める。

⑤法人税増税は国際競争力の観点からできにくい。先進の各国より高い税率は企業の競争力を弱める。現に二〇一一年度から三〇%→二五・五%とされた。

⑥消費税に逆進性はない、または少ない。

⑦消費税は世代間における不公平の拡大を防ぐ。いいかえると、ライフサイクルでみた税や

社会保障費負担のバランスをはかれる。

それぞれについて検討する。

①経済活動に対する影響

高額所得者は所得が多いだけでなく、株式配当や利子があるため、所得税の増税も高額所得者の投資意欲を大きく阻害するものでない。逆に低額所得者への課税は消費そのものを減らす。高額所得者への消費増税は消費を大きく減らさないが、低額所得者への消費増税は消費を直接的に減らす。

経済全体からみると、所得（Y）から消費（C）を引いたものが貯蓄（S）であり、課税はどういう形にしろ、どこの段階でしても所得、消費、貯蓄に大きな影響を与える。それぞれが連動しているから、中立的でありえない。所得の削減は貯畜を減らし、投資に影響する。消費への課税は消費を減らす。

言い方を変えると、所得増税も消費増税も所得の大小や消費性向に高低があっても可処分所得を減らし、貯畜を減らし、消費を削減する。この点では同じである。ただし、一人一人の個人については影響度合は異なる。

さらに貯蓄への影響が異なることから消費増税がとり上げられる。累進制をとる所得税は貯蓄に回す源資が減るので投資を阻害する。一方、消費税では消費に対するものとして貯畜を大きく阻害しないとする説がある。しかし、どちらも貯蓄に影響する。消費税の方が負担が小さく感じるのは、消費税が販売価格に含まれており、税をあまり意識しないからである。特に内税であれば、その負担はあまり意識しなくなる。これは表面的なことで、貯蓄の源資を減らす。

所得、消費、貯蓄および投資という所得の循環からみると、税はそれぞれに大きな影響を及ぼし、中立的でありえない。

さらに経済成長との関係でいえば、消費の増大→内需拡大→投資の増加という好循環を重視すべきである。高率の消費税はこの循環を阻害する。そして法人減税→投資増の効果は投資の誘引が少なく効果は小さい。

②安定財源としての消費税

所得税と法人税は景気に左右され、消費税は安定財源とされ、まず、消費増税が主張される。所得税収について、一九九一年二六・五兆円から二〇一一年一三・五兆円に減っている。この原因は制度減税（二一・四兆円）、最高税率の引き下げ（〇・三兆円）、所得税から住民税への税源移譲（三・〇兆円）、合計して五・七兆円となり、税収減一三兆円のうちの四三%にもなる。景気変動分は残り五七%である（醍醐聰『消費増税の大罪』）。減税が大きく作用した。

法人税についても一九九一年の一三兆円から七兆円ほどに減っている。これは景気変動以外に法人税率の引き下げ、各種特別措置が大きく作用している。このうち、税率引き下げ分の影響が大きい。

逆に消費税収について大きく変動せず、景気に左右されにくいとする。

しかし、安定しているのは食料品、生活必需品に均一課税されて逆進性があることを問うていない。これは消費税の欠点である。景気に左右されないから、すぐに消費増税となるわけでない。安定性をとるか、逆進性を重視するかで方向づけは異なってくる。安定財源だからとして即消費税増税とはできない。

さらに、消費増税は消費を冷やし、景気を後退させる面が大きい。

逆に所得税、法人税は税率を下げ、各種の特別措置により減収を引き起こしてきたことは十分考えなければならない。不安定財源より、そのことがまずとりあげられることが必要である。

③直間比率

直間比率は消費税増税の根拠にならない。

各国の事情によるものであり、間接税の比率が高い方を選択するのが良いとは限らない。

先進七ヶ国の税収に占める消費税の割合をみると、日本の消費税のウェイトが極端に低いわけでない。ドイツより低く、アメリカ、カナダより高い。

一方、所得税について個人所得税負担率(対国民所得割合)をみると、アメリカ、フランス、イギリス、ドイツなどと比べて最も低い。二〇一一年六・九%ほどである。消費税よりまず所得税、法人税が検討されるべきである（醍醐聰『消費増税の大罪』第六章）。

④不公平な所得増税

すでにみたように税率のきざみが大きくなり、高額所得者の税率について七〇%→四〇%になってきた。二〇〇〇万円については一四%→一〇%になってきた。全体的に減税されてきたが、減税額の大きさは高額所得者の方が大きい。さらに、配当や利子があり、税率は一〇%か二〇%である。

一つの政策として、これを一九九五年の税率構造に直した場合に不公平感がより深まるわけではない。本来の所得再配分機能を高めることになる。

所得税について超過累進税率をとってきたが、その基本的考えに不公平があったとはとれず、一九九五年以前のものに直すことが公平を欠くことにならない。

二〇〇〇万円の所得税一〇%と一〇〇〇万円の人への一〇%課税を比較すると、二〇〇〇万円の場合の方が重いとして超過累進税率は作られてきた。その根底には応能原則がある。それが根本的にまちがえていたわけでない。

二〇〇〇万の人には一八〇〇万残り、一〇〇〇万円の人には九〇〇万円残る。一八〇〇万円では、食料品、生活必需品を買えばほとんど何も残らない。逆に九〇〇〇万円あれば生活用品を買ってもかなりの余裕金が残る。

累進税率と税率のきざみを一九九五年レベルに戻しても、とりわけ不公平感が増大するわけではない。特に高額所得者についてみる。

〔年間収入〕	〔一九八六年〕	〔一九九五年〕	〔二〇一二年〕
一〇〇〇万円	四〇％	二〇％	三三％
二〇〇〇万円	五五％	四〇％	四〇％

特に、一億円以上の人では七〇％↓四〇％と激減させてきた。高額所得者を優遇してきた。

不公平について何を基準にするかの論になるが、累進税率がまちがえていたわけでない。

逆にいえば、消費税は高額所得者、低額所得者に対しても、消費額に対して一律の税となる。

それが公平とはとれない。公平さの基準となるのは対所得額との比率とみるのが正しいとみる。

⑤法人税増税と国際競争力

法人税は、

（益金―損金）×法人税率

となるが、益金や損金の算出にあたって各種の特別措置がある。これを見ずに法人税率の比較は妥当でない。さらに準備金、引当金は法人課税所得を減らし、一部の企業では税額控除もある。さらに損金の七年間繰り延べ措置もある。減税となる措置がきわめて多い。

すでにみたように、地方税を含めた法人課税の実効税率は税引前当期利益に対する率でみると二八・四〜三三・五%程度である（野口悠紀雄『大震災後の日本経済』）。これは国際的にみて高いわけではない。

比較として二〇一〇年についてみる。

日本	三〇%
アメリカ	三五・〇%
イギリス	二八・〇%
ドイツ	一五・〇%
フランス	三三・三%
中国	二五・〇%

加えて赤字法人がきわめて多いことをみる必要がある。

赤字法人について、

資本金一億円以上　五割

中小企業　七割

多くの会社は法人税を払っていない。

次の措置をとって法人税収を高める。

・租税特別措置をなくす。負担の公平のためである。他の税にはないものである。

・三〇%税率を維持する（二五・五%をなくす）。
・赤字法人も営業活動をしている。中には多額の準備金、引当金をもっているものがある

これらの赤字法人から一定の法人税（仮称「法人基礎税」）をとる。
法人数は約二六〇万あり、その約六割が赤字とみて、一社あたりの一〇〇万円徴収すると、すでにみたように、
100万円×260万×0.6≒1.5兆円
となる。

⑥消費税の逆進性
消費税は消費に課され、一定限度の食費や生活必需品は必要不可欠であるから、低額所得者ほど負担率は高くなる。

これに加えて高額所得者の累進性は小さく、さらに配当金や利子が加わるので、所得比でみた場合、消費税の逆進性は高まる。

総務省の家計調査（二〇一〇年）のケースが示される（醍醐聰『消費増税の大罪』）。

〔年間収入〕	〔消費税負担率〕
二〇〇万円未満	四・五%

五〇〇～五五〇万円　　三・〇％
一五〇〇万円以上　　一・五％

年間収入が少ない家計ほど消費税負担率が高いという逆進性がある。

これはエンゲル係数と似ている。所得が多くても少なくても一定額の食料品、生活必需品の支出は不可欠である。支出を切りつめる余地は少ない。したがって、高額所得者ほど消費税と所得の比率は小さく、消費税の負担感も小さい。

これに対する批判として、「消費税はそもそも個人の経済力を測る手段として消費額に注目した税であり、所得との対比でみるのはおかしい。一時点における所得が個人の担税力を測る唯一の指標と考えること自体にあまり合理性はなくなってきている」（小黒一正『アベノミクスでも消費税は二五％を超える』）。

しかし、消費税を払うのはその人の所得以外にない。これは厳然とした事実である。

また、消費税という一つの税だけでなく、全体の税から累進的か逆進的かをみるとしても、その具体的資料はなく、きわめて困難である。加えて、所得税そのものが高額所得者に有利に改正されてきたから、消費税の逆進性が弱まることはない。

まず、消費税のもつ逆進性を認識して、その増税を最低限にすべきである。消費税増税のみが優先的になされる根拠はうすい。

⑦世代間の負担の公平

消費税の大きな特長として若年層から高齢層まで消費の量に応じて公平に負担する。これは主に勤労世代が負担する所得税や社会保険料と異なるとする。

社会保障と税の一体改革でもこれを取り入れて消費税増収分を社会保障財源にあてるとする。社会保障経費は国民全体で約一一〇兆円であり、そのうちの年金、医療、介護は基本的には社会保障制度を基盤とする。財源の約六〇兆円を国民が納める保険料により、残りを税と国債によっている。

急激な高齢化によって給付は増大する一方であり、逆に保険料を負担する若年層は減少し、全体の社会保障費負担は賄いきれなくなっている。不足する財源を国債にすればするほど、その負担を将来世代に回すことになる。

そこで、消費税率を一〇%ほどに高めて若年世代と高齢世代との世代間の負担の不公平化を少しでも解消できるとする（前掲書）。つまり、消費税は世代間の負担の格差を防ぎ、世代間の負担の公平化に役立つとする。

しかし、これを根本的に直すには社会保障費の賦課方式を改めるしかない。賦課方式は現役世代の払った保険料を将来に積み立てるのではなく、現在の受給者の給付に充てる。

この賦課方式の採用について当初積み立て方式で出発したが、維持できなくて賦課方式に変えてきた。その理由として人口構成の変化、厚生年金加入者の減少、想定した運用利回りが高すぎたことなどである。

やむをえず採用した「賦課方式はある世代の年金を次の世代の負担でするという一種のねずみ講である」（野口悠紀雄『日本を破滅から救うための経済学』）。

つまり、賦課方式はその年度の保険料収入によってその年度の年金を払うものであり、欠点はあってもやむをえず導入してきた。

しかし、

・若年層が減少し、人口構成がいびつになってきている。二〇五〇年頃、肩車型社会の予測がある。

・社会保障の他の分野でも収入不足が明らかである。

・厚生年金について三〇年後に破綻の予測がある。

・厚生年金に入る人が少なくなっている。

・非正規雇用が増えている。

・運用利回りの低下。

これ以外に厚生年金をとりまく全体の財政事情そのものが破綻的である。世代間の負担でいえば、将来世代に負担を回せばなんとかなるとしている。その中でも国債で財源を賄うことは元金と利息の負担を将来につけまわすことになる。この巨大な負担調整を消費税のみで解決できない。

今、さし迫っているのは世代間の負担調整でなく、財政そのもの、そして社会保障費の赤字を所得税、法人税、消費税とあらゆる財源を使い、支出を削減して破綻をさけることである。消費税のみに頼ることはできない。

財政の破綻は世代に関係なく国民生活を根底から破壊するからである。

ここまでの分析で消費税を優先的に増税することに大きな根拠はない。

一〇〇〇兆円を超える赤字に対してできることは限られているが、平凡である。

・支出を徹底的に減らすこと。
・埋蔵金、余裕金など政府内での資金を活用する。
・所得税、法人税の改革をする。
・消費税の欠陥を直したうえで増税する。インボイス、益税などである。また、販売にあたって税込みの仕入価格に税を上乗せできない事業者は、消費者の負担した消費税以上のものを負担しなければならない。これを市場競争力からやむをえないとれない。税の仕組そのものの欠点ととらざるをえない。すなわち消費税分をきちんと上乗せして販売できない損税が生じている。零細事業者の多くがすべての消費税を転嫁できない事態がある。税法では、転嫁を事業者に義務付けた条項も、権利とする条項もない。

また、増税は消費を減らし、逆進性を増大することに留意されなければならない。物価に対してはデフレ脱却後の指数を直接的に上昇させ、賃金増がなければ消費を減らすように作用する。

六章　国債暴落をさける予算編成へ

一　特別会計剰余金の有効活用

はじめに特別会計の規模を示す（図表6－1）。

二〇一二年度当初予算における特別会計と歳入を示す（表）。

二〇一〇年度決算で一般会計が一〇〇〇兆円超の債務をかかえているにもかかわらず、特別会計は約一七二兆円の積立金等を持っている。ただし、このうち一二一兆円は年金の将来積立金である。また、この五年間で約三五兆円が繰り入れされてきた。しかし特別会計の資産超過はあまり変っていない。

埋蔵金または余裕金について官僚利権にからんで分析されている（北沢栄『官僚利権』など）。特別会計からは補助金、負担金、交付金、補給金、委託費、貸付金などが支弁されるが、ムダもしくは非効率なものがある。

・収納済歳入額から支出済歳出額を差し引いた決算剰余金。例として二〇〇七年度決算べー

表　2012年度当初予算における特別会計と歳入

（単位：兆円）

交付税及び譲与税配付金	54
地震再保険	0.09
国債整理基金	209
外国為替資金	2
財政投融資	35
エネルギー対策	7
労働保険	6
年金	80
食料安定供給	2
農業共済	0.1
森林保険	0.009
国有林野	0.4
漁船再保険	0.05
貿易再保険	0.1
特許	0.3
社会資本整備	3
自動車安全	0.1
東日本大震災復興	3

スで約三九兆円。

・積立金。使える積立金として二〇〇八年三月末で約四七兆円。

・貸付金。不用不急のものがある。

・毎年の不用額、約一〇兆円。

・独立行政法人の予算使い残し。

・独立行政法人の積立金、利益剰余金、政府出資金——余裕金ととれるものがある。

・公益法人にある余裕金。

一般会計→特別会計→特殊法人→独立行政法人→公益法人と、国に関係する資金が流れる中での埋蔵金または余裕金は巨額になる。徹底した行政改革とその活用が求められる。

一般会計が破綻的であるのに、一部の特別会計は潤沢な資金をもっている。また、特別会計は各省庁の独自の予算として執行され、天下りや省庁権益として利用される。

二〇一〇年四月で独立行政法人だけで一〇四ある。その中には多くの余裕金をもつものがある。これらの資金の流れと余裕金の明細が明らかにされること。そのうえで財政赤字に充当されること。二〇一三年においてこれらが検討されていない。

多額な剰余金等が生じる仕組が示される（醍醐聰『消費増税の大罪』）。参考図（図表6―2）を示す。

図表６－１　国の一般会計と特別会計の純計　（単位：兆円）

	歳入			歳出		
	2010年度 決算額	2011年度 決算見込	2012年度 予算額	2010年度 決算額	2011年度 決算見込	2012年度 予算額
一般会計総額	100.5	110.7	90.3	95.3	110.5	90.3
特別会計総額	387.0	428.1	408.4	345.1	397.0	394.1
合計	487.5	538.8	498.7	440.4	507.5	484.4
うち重複額	141.0	153.3	145.4	138.3	150.6	143.4
差引額	346.5	385.5	353.3	302.1	357.0	341.0
うち控除額	100.8	109.1	112.3	100.8	109.1	112.3
差引純計額	245.7	276.4	241.0	201.2	247.8	228.8

注：控除額とは国債整理基金特別会計における借換えのための公債金収入額・借換償還額
原典：財務省「財政法28条等による平成24年度予算参考書類」
出典：田中秀明『日本の財政』（2013年）

それには三つの要因がある。

・②の部分で予算段階から歳入と歳出の差がある。
（1200－1000＝200）

・①の部分で収納済歳入額が歳入予算を超えたため。
（1600－1300＝300）

・③の部分で支出済歳出額が予算を下回ったもの
（1100－500＝600）。すなわち歳出の下ブレ要因である。

③の剰余金について次のようにもいえる。

歳出予算現額－支出済歳出額＝翌年歳出繰越額＋不用額

会計検査院報告書によると、二〇〇九年度について決算剰余金は約三〇兆円とされる。

うち①によるもの　　〇・九兆円
②　〃　　一一・二兆円
③　〃　　一七・八兆円

例として国債整理基金についての各年度の剰余金と

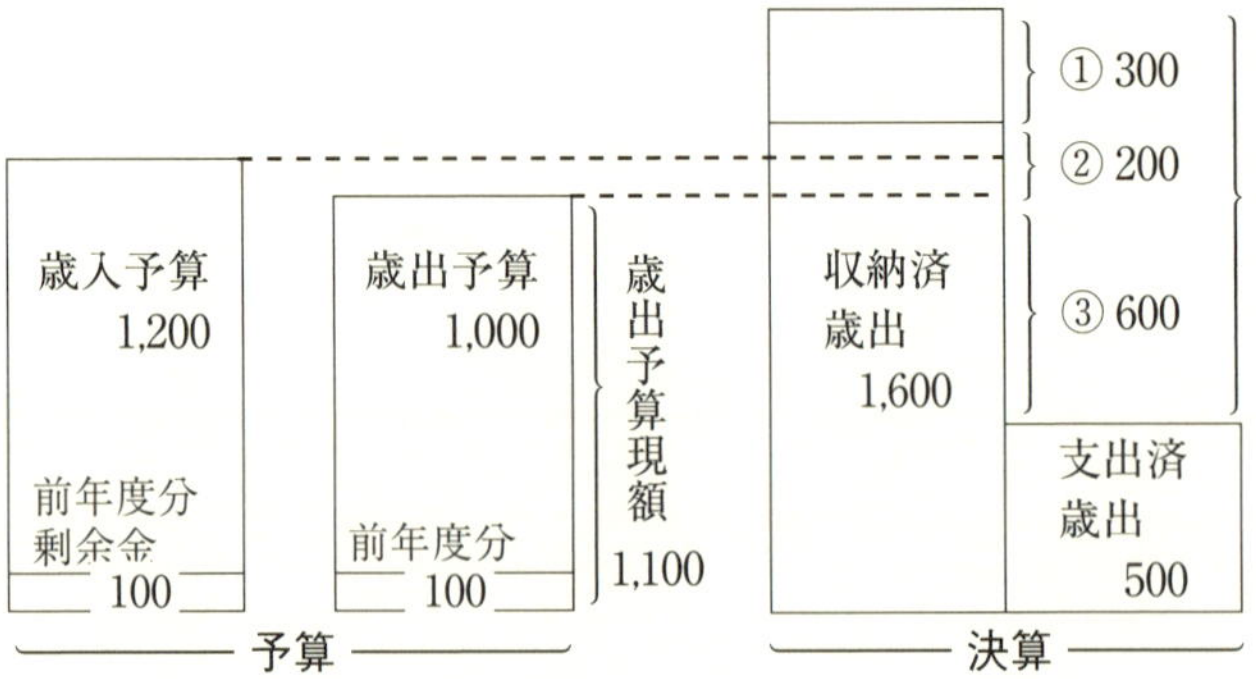

図表６－２　特別会計の決算剰余金の発生の要因分析

注：数字は仮定である。
出典：醍醐聰『消費増税の大罪』（2012年）

して、単純な計算では二〇〇六年三四兆円、二〇〇七年二八兆円、二〇〇八年一六兆円、二〇〇九年二〇兆円、二〇一〇年三〇兆円とされる。その活用が強く望まれる。全ての剰余金を国債残高の削減にあてることができるとみる。

そのうえで、

・剰余金の額を明らかにする。
・剰余金は国債の繰り上げ償還にあてる。
・一般会計から国債整理基金への定率繰り入れを検討する。定率繰り入れは前年度期首の未償還残高の一・六％を整理基金に入れる。

一般的に剰余金が発生する主な要因は次である。

・予算段階および実績でも歳入が歳出より多い。
・予算の段階で剰余金をみている。
・予算の繰越額が多い。
・不用額が多い。
・歳出が予算現額を下回る。

二〇〇六～一〇年度の決算剰余金として次がある（前掲書）。

二〇〇六年	五〇兆円	うち不用額一〇兆円
二〇〇七年	四二兆円	〃　一〇兆円
二〇〇八年	二八兆円	〃　一一兆円
二〇〇九年	二九兆円	〃　一六兆円
二〇一〇年	四一兆円	〃　二一兆円

ここで毎年一〇兆円ほどの剰余金が推定される。ただし、各年度において一般会計への繰入れがあり、確定した剰余金額は不明である。

少なくとも次が実行されるべきである。

・各年度ごとの具体的剰余金が示されること。

・特別会計でなくてもよいものが多い。細目は不明だが、年金と外国為替資金以外では一般会計で実施できないか検討されること。絶対に特別会計でなければならないものに限定する。

・一般会計繰入れ額が示されること。

特別会計の抜本的改革が求められる。社会資本整備のみで終わることでない。主要国には日本のような特別会計はない。

その制度的なものについて、特別会計の「特別扱い」が分析されている（北沢栄『亡国予算』

『官僚利権』)。

・財政法が特別会計の「特別扱い」を定めている。第三条において「一般の歳入歳出と区分して経理する必要がある場合に限り特別会計を設置する」とするが、これは「特別扱い」を認めることである。実質的に国の会計について、一般会計と特別会計を分けている。そして、特別会計は国会の目が届きにくい。一般の人もわからない。

・一般会計からの繰り入れは諸官庁の判断による。逆の場合も同様になりやすい。

・埋蔵金の「積立金」「剰余金」について二〇〇六年に新ルールが定められ一部繰り入れがされてきたが、繰入額がいくらで、残額がいくらか不明確である。

・特別会計の借金を一般会計が肩代りすることがある。特別会計は自由に借金できる。

・繰り越しも支出も特別扱いされる。

・予算以上の収入があれば自由に使える弾力条項がある。

・余剰資金を生み出す特別会計の制度がある(北沢栄「官僚利権」)。

一口でいえば国会での財政チェックが十分されていない。実施がきわめて不透明である。各年度の剰余金や積立金が明らかになっていない。二〇一四年度の予算案でも特別会計の改革を含んでいない。

次を引用する。

これまでの分析から特別会計全体で毎年度使途に特段の制約がない決算剰余金が少ない年度でも一〇兆円程度発生しているにもかかわらず、各特別会計内で留保され続けている

（醍醐聰『消費増税の大罪』）

きわめて大まかであるが、次の増収策がとれる。二〇一四年度予算案では消費増税分のみ計上している。

・特別会計剰余金　約一〇兆円
・消費税（二％増）　六兆円
・所得税の累進税率の強化　一～二兆円
・法人税の特別措置中止　一～二兆円
・赤字法人からの税収　一兆円
（計）約一九～二一兆円

二　財政赤字を解消できない予算

（一）予算編成の病理

予算制度において、一般会計および特別会計から成り、特別会計の規模がきわめて大きい。単純な比較では三倍強である。

その予算のプロセスとして、

概算要求　（通常八月末）
財務省査定
復活接衡
概算決定　（通常一二月末）
通常国会での審議
予算成立　（通常三月末）
執行　　　（四月～三月）
決算

一つの予算は三年のサイクルをもって執行される。そこで財政赤字がふくらみ、政府債務は

ＧＤＰの二倍を超えてきた。その欠陥や限界を示す。

①財政法の規定

歳出について財政法は記す。

国の歳出は公債又は借入金以外の歳入を以てその財源としなければならない。但し、公共事業費、出資金及び貸付金の財源については国会の議決を経た金額の範囲内で公債を発行し、又は借入金をなすことができる。

ここで規定しているのは単年度均衡予算ルールであるが、それを次々と破って赤字国債が継続的に発行され、巨額なものになってきた。本来の趣旨を大きく乱してきた。

・一九六五年度から建設国債が発行された。しかし、その支出が道路等の社会資本に支弁されても、赤字国債であることに変りない。六〇年償還も負担を先延ばしする。

・一九七五年度から赤字国債が恒常的に発行されてきた。特例的でなくなった。

・その間、特例国債脱却ルール、政府の財政収支を黒字にするルール、プライマリーバランスなどが定められたが、きちんと守られなかった。国債残高は累増してきた。財政構造改革法も作用しなかった。

・支出予算のシーリングも設定されたが、厳格には守られず、その適用除外の費目も多かった。省庁の予算シェアを固定化した。

・当初予算以外に補正予算がたびたび組まれてきた。その大部分の財源は国債であった。その趣旨として災害復旧、景気対策、東日本大震災対策などがあった。
・中期財政フレームも作られたが、きびしく守られなかった。

②特別会計の特別扱い

特別会計の予算規模は大きいが、広く国会で審議されない。剰余金、積立金の額もはっきりと示されない。官僚利権やムダ使いを許してきた。

一般会計で負担すべきものを特別会計の借金とすることがある。いわゆる隠れ借金である。執行がきわめて不透明である。

特別会計が独自に借金をすることがある。これは表面には現われない。特別会計から官僚が作った事業用に補助金等が支弁される。天下りが容易にできる。資金が独立行政法人等に流れる。役人の利権となりやすい。法人等の数も多い。

特別会計には多額の埋蔵金がある。その額も一般会計への繰り入れ額も不明確であり、透明性がきわめてうすい。一般会計が巨額の赤字であるのに不可解である。

これを解決するには、特別会計にするものを限定する。特別会計の「特別扱い」をなくす。実際の毎年の額を明らかにして公開する。

③収入予算
財政赤字にかかわらず、法人税の減税がたびたび実施されてきた。所得税の減税もなされてきた。この傾向は二〇一四年度予算案でもあまり変らない。

国債は利害の対立がほとんどなく、発行したものが市場で売れる。一方、増税は深刻な利害の対立を生じる。このために安易に国債の累増が実施されてきた。収入あっての支出である。
④税制の分野で大きな力をもった人がいる。その決定が全体の予算に適合しないケースがある。総理大臣がコントロールしているようにもとれない。その一つとして財政赤字にかかわらず法人税の減税がなされてきた。
⑤執行面でムダがあっても使いきることが是とされる。費用効果分析や事業効果が十二分に検証されないままに事業実施される。明らかに非効率な事業が実施される。
⑥財政のガバナンスが決定的に不足している。具体的に示される（田中秀明『日本の財政』など）。
(イ)政府の内外に拒否権を発動するプレイヤーがいる。政府予算の決定する際に各省大臣が実質的に拒否権を持っている。財政収支重視の財務省の意見が常に通るわけでない。この大

臣の背後に多数の政治家と官僚がいる。その利害を重視することが財政赤字と整合しないことが多い。

(ロ)税制について総理大臣がコントロールしていない面がある。

(ハ)総理大臣や財務省そして内閣が予算や税制の意志決定に十分な権限を行使できない。時には自ら行使しない。

(ニ)財務省と政権与党、主計局と各省庁との間に、予算を査定する側と要求する側との対立がある。財務省が財政赤字のために予算を削減しようとしても応じない。または政治家をバックに反対する。各官庁がその利害から削減に応じない。

⑦増税による再建をめざしても、その源資が公共投資や減税にあてられる。

改革は困難である。しかし次を提案する。

「財政改革責任法」を制定する。

・プライマリーバランスを目標とする。
・三年間の全体支出予算大枠を策定する。
・税制の改正の根幹を規定する。
・支出予算の各年度の大枠を規定する。この枠を超えないことを定める。

改革の論点整理が示される（前掲書）。

・経済見直しを前提とする財政再建プラン
・収支と残高の財政再建目標
・トップダウン型の予算編成
・三年間の拘束力をもつ歳出の大枠

現状での収入、支出では破綻する。インフレや国債暴落は国民生活を破壊する。施策は限定され、時間は切迫していて、明日では遅い。

(二) 二〇一四年度政府予算案から見る問題点

二〇一三年一二月、政府は二〇一四年度の経済見通しを発表した。成長率は実質で一・四％とする。細目（図表6－3）を示す。

・名目ＧＤＰで五〇〇・四兆円
・消費者物価指数は二〇一三年度より三・二％増の見通し。増税の影響を除いて一・二％。デフレの定義を恒常的な物価下落とデフレギャップとすると、物価面では下落でなく、デフレ脱却とする。

この背景として、

図表６－３　政府の経済見通し（2013 年 12 月 21 日政府発表）　（単位：％）

	2013年度	2014年度
国内総生産（実費）	2.6	1.4
個人消費	2.5	0.4
住宅投資	7.3	△ 3.2
設備投資	0.4	4.4
輸　出	4.0	5.4
国内総生産（名目）	2.5	3.3
完全失業率	3.9	3.7
鉱工業生産指数	2.4	3.3
消費者物価指数	0.7	3.2
貿易収支	△ 10.1	△ 10.0

注：(1)2014年度の名目 GDP500.4兆円とする。
(2)増減率は対前年比

・日銀による大幅な金融緩和。
・円安誘導。二〇一四年一月で一ドル一〇四円ほどである。
・二〇一三年度当初予算、補正予算（約五・五兆円）、二〇一四年度予算と財政による大型支出があり、ＧＤＰを押し上げる。
消費、投資拡大と民間の活動によるデフレ脱却か疑いが生じる。財政支出は財政破綻と隣り合わせである。物価上昇は三％以上になり、国債価格が下落して各金融機関に損失が生じることもある。

二〇一三年一二月に決まった政府予算の概要（図表６－４）を示す。支出総額は約九六兆円である。

〔支出面〕
公共事業費は一二・九％増である。国土強靱化をかかげて、いわゆる族議員の圧力がある。
防衛費も二・九％増となった。
診療報酬の見直しも中途半端になった。社会保障費は一四・八％で三〇・五兆円になる。

二〇一四年度からの消費増税分（約五兆円）の使い道として、
・基礎年金の財源不足　二・九五兆円
・社会保障による財政赤字を減らす分　一・三三兆円
・税率引き上げで公的支出が増える分　〇・二三兆円
・社会保障の充実　〇・五〇兆円
（この細目）
。待機児童の解消　〇・二九一五兆円
。診療報酬補助金　〇・〇九四兆円
。低所得者の国保料軽減　〇・〇六一二兆円
。難病医療費補助　〇・〇二九八兆
「朝日新聞」二〇一三年一二月二五日）

図表6－4　2014年度政府予算案（2013年12月決定）

	項　目	予算額（兆円）	伸び率（%）
歳出	社会保障関係費	30.5	4.8
	文教及び科学振興費	5.4	1.4
	恩給関係費	0.4	△ 11.9
	地方交付金	16.1	1.5
	防衛関係費	4.9	2.8
	公共事業関係費	6.0	12.9
	経済協力費	0.5	△ 1.0
	中小企業対策費	0.2	2.3
	エネルギー対策費	0.9	13.5
	食料安定供給関係費	1.0	△ 0.3
	その他事項経費	6.2	2.7
	予備費	0.4	－
	国債費	23.3	4.6
	（計）	95.9	3.5
歳入	税収	50.0	16.0
	その他収入	4.6	14.3
	国債収入	41.3	△ 3.7
	（計）	95.9	3.5

注：⑴伸び率は2013年度当初予算比。
⑵四捨五入のため計は一致しない。
出典：「朝日新聞」2013年12月25日

〔収入面〕

消費税

三％増予定。この中でインボイス制度の導入や食料品の軽減税率が十分には検討されていない。家計の負担増は約六・三兆円と試算される。低所得者に重い負担となる。

所得税

・給与所得控除を縮少。年収一二〇〇万円超は二〇一六年、一〇〇〇万円超は二〇一七年に増税。

・少額非課税制度（ＮＩＳＡ）の口座開設可能。

法人税

・復興特別法人税を二〇一三年度で終了。約八〇〇〇億円減税。

・大企業の交際費半額を非課税。約六五〇億円を減税。

・国家戦略特区で研究開発を促す軽減措置をとる。

・企業の設備投資減税。約六〇〇〇億円減税。

全体的に次がいえる。

・財政再建の確固とした姿勢がない。過去の景気後退期と同様な措置をする。健全化は先延ばしされている。バラマキともいえる。

国債費は＋四・六％となり、金額では一兆円の増。新規国債は四一兆円であるが、借り換えを含めた発行総額は一八〇兆円前後になる。消費税を増税しても二〇一二年度の一七四兆円を超える。

・所得税において高額所得者の課税強化がされていない。

・企業に対して法人税率を上げるどころか各種減税している。租税特別措置の見直しをしていない。

・個人との対比では社会保険料増、医療費の窓口負担増、年金は四月から減額される。個人増税、企業減税である。

・公共事業費、防衛費が増額されている。

・特別会計の埋蔵金利用や特別会計自体の整理や合理化がされていない。

二〇一四年一月、内閣府は二〇二〇年度のＰＢ見通しについて、一〇％消費税でも△一一・九兆円とする見解を示した。

三　原発廃炉へ向けてなすべきこと

福島原発による事故等の費用について、

・原発による補償――巨額になる。一部補償されないおそれがある。
・廃炉――いつまで続くかわからない。
・中間貯蔵施設の建設――究極的には捨て場がない。
・除染――事故対策費に上限が設けられる。
・汚染水処理――タンクに貯めるのみである。

全体費用は一〇兆円を超える。現在のシステムは東電への資産援助をして、その損失の支払をするものである。そこでは破綻処理をせずに、責任を不明確なまま柏崎原発の再稼動をめざしている。

次をすべきである。
・福島第一原発事故の責任を明らかにする。
・東電の破綻処理をする。
・資産のうち他社に売れるものは売却する。
・他社の発電事業への進出を認める。
・株主責任や融資責任を明確にする。
・全体の事故処理費用を算定する。
・このうえで、東電で負担できないものについて国費負担する。

この大前提として原発の即時廃炉がある。原発は費用が高く、エネルギー収支が悪く、放射性廃棄物の毒性をなくすことができず、列島内に捨て場がない。とりわけ災害の多い列島に取得する場所がない。原発なしでも電力は不足しない。

負の費用を徹底的になくす。国の原発推進姿勢そのものが根源的に問われること。自分の責任を問わずに電力会社の責任のみ追及しても、それは中途半端になる。

負のエネルギー利用や開発は財政悪化を助長するだけでなく、生命の危機まで生じている。その主なものは原発そのもの、核燃料サイクル、高速増殖炉などである。

このうえでコンバインド・サイクル発電やシェールガスの利用を強力に進める。送配電と発電を分離して電力自由化を進める。発電部門への新規参入を認める。

原発技術は各種のものを閉じこめるものであるが、それはできていない。自然に捨てられないものを作ってはならない。

四　国債暴落をさけるための財政収支改革

国債の保有先として保険会社、証券会社、銀行などが国債の三分の二を保有し、家計や公的年金などを含めると、国内主体が九三％を保有している（二〇一一年）。具体的保有先（二〇一一年一二月）を引用する（表。高田創『国債暴落』）。

二〇〇〇年代のマネーフローがまとめられる（三菱東京ＵＦＪ銀行『国債のすべて』、野口悠紀雄『大震災後の日本経済』など）。

・フロー面では企業部門の資金余剰と政府部門の資金不足が定着した。

・家計部門の資金余剰は基調として縮少傾向となった。家計収入の減少と高齢世代の貯蓄取崩しが生じていった。

表　国債の保有先
（2011年12月）

	残高（兆円）	比率（%）	
家計	28.5	3.9	
銀行	312.7	43.0	66.3%
保険	169.1	23.3	
年金	98.2	13.5	
海外	50.9	7.0	
日銀	67.6	9.3	
計	727.0	100.0	

・資金過不足の推移として、

資金余剰……家計、非金融法人、金融機関

資金不足……一般政府、海外

・ストック面では、家計の資産超過幅拡大が頭打ちになり、一一〇〇兆円で横這いとなった。企業の債務超過幅は縮少し、政府の債務超過幅は拡大した。二〇一一年一二月で債務超過企業二三三兆円、政府が七一三兆円となっている。

・家計貯蓄率として縮少している。

二〇〇〇年　約九％→二〇〇九年　約六％

全体的に次がいえる。

・約一五〇〇兆円の家計部門の預金残高等があるから国債の消化は将来も問題ないとするのは誤りである。二〇〇六年三九〇兆円ほどの負債がある。

・金融機関は貸出減があり、国債を買っている。資金需要が高まり、貸出が増えれば国債は減らす以外にない。このため金利の上昇が生じる。これは財政の金利負担の増加となり、国債費は急増する。

・資金余剰としての家計、非金融法人企業金融機関があったが、これがずっと続くとは限らない。家計の資金余剰は今後減少する。

国内に豊富な国内貯蓄があったので、長期にわたり国債を買い支えてきた。この資金供給の出し手は家計である。約一五〇〇兆円あり、それが銀行、生命保険会社、年金などを通じて国債の消化につながってきた。

さらに次がある。

①家計の金融資産（二〇一一年一四八〇兆円）は長期的には伸びない。その背景として、

・高齢化が生じている。生産年齢人口（一五歳～六五歳）は一九九五年をピークにして、以後は一貫して減少している。

・全体賃金は増えない。失業者、臨時雇いが多い。

・高齢者は貯蓄を取り崩す以外にない。

・社会保障費を支えるため社会保険料を増やし、給付額を減らす必要がある。
・消費税増税は直接的に金融資産の減少となる。

②金融機関

金利が上昇し、国債価額が下がれば、国債を大量に保有する銀行等は損失をさけるため国債を売らざるをえない。

一つの計算として、金利が一％上昇すると約七兆円の評価損が生じる。

今までも低金利策をとり、その金利も最低限のものである。国債金利の動向（図表6－5）を示す。これには日銀の金融緩和が大きく作用しているが、それが正常なものとはとれない。

日本の銀行の預金と貸出しの比（預貸率）、国債保有高の推移（図表6－6）を示す。貸出しの比率が下がる一方で、国債保有高が増えている。企業の借入が少ないからである。

これが変る可能性として、

・好景気になって貸出し需要が増える。現状では資金需要が少なく、国債に向っている。この行動が変り、国債を売る。
・円高から円安になる。インフレ圧力となる。
・経常収支の赤字。財務省は二〇一三年の貿易収支を△一一・四兆円とした（二〇一四年一月二七日）。
・外国の債券との金利差がひろがり、資金を外国債券に移す。

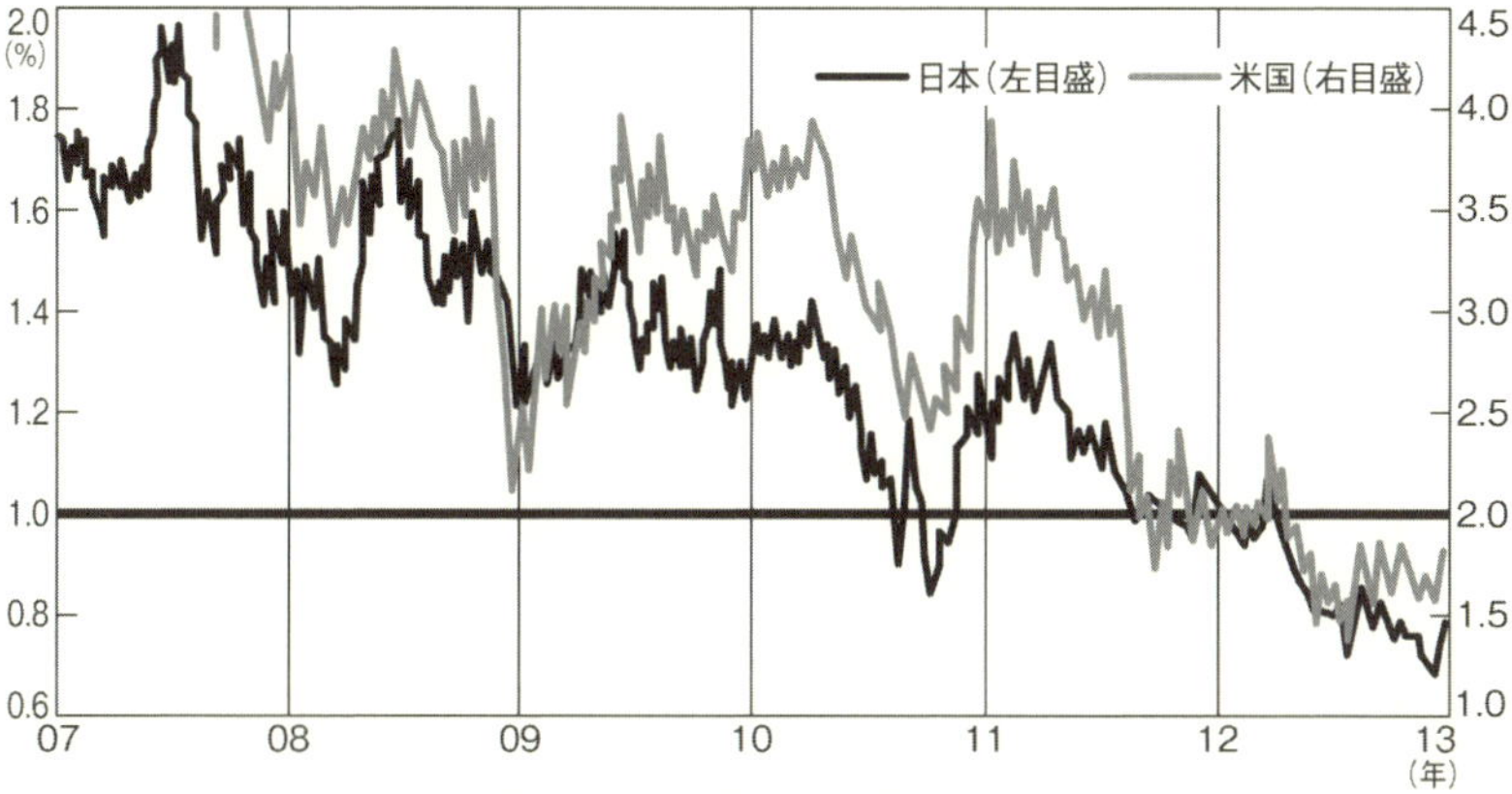

図表６－５　日米の10年国債金利

原典：Bloombergより、みずほ総合研究所作成
出典：高田創『国債暴落』(2013年)

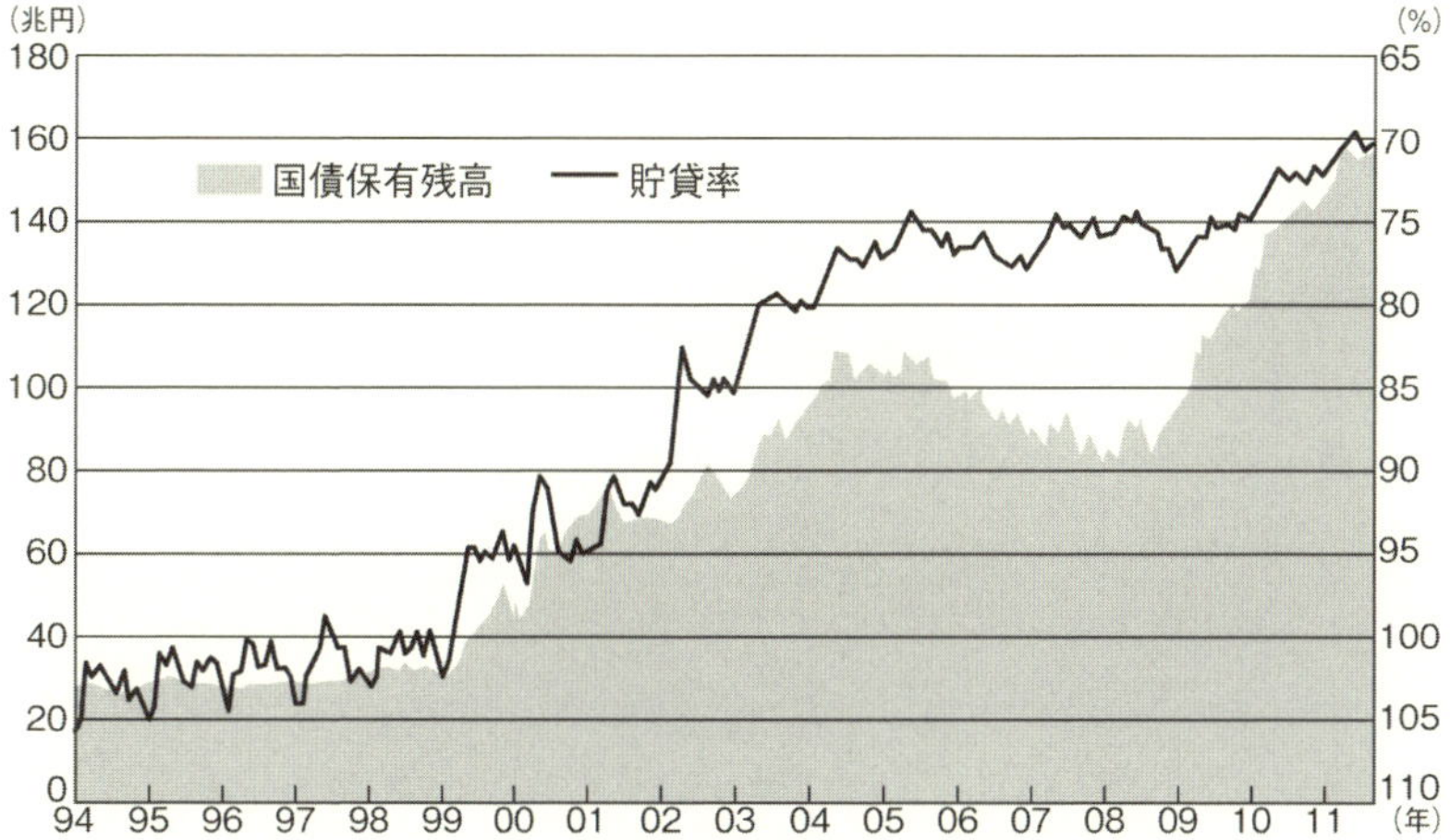

図表６－６　日本の銀行の預貸率と国債保有残高

原典：日本銀行より、みずほ総合研究所作成
出典：高田創『国債暴落』(2013年)

・財政収支がより悪化する。

これらのことがいつ起きてもおかしくない。国債の暴落が生じて金利が上昇する。

③産業側

・デフレを背景に需給ギャップがある。

・労働生産性が落ちている。

・成長を続けていくには生産年齢人口が減少しても継続的に技術革新をして、生産性を上昇させる必要がある。企業の競争力と高付加価値化が強く望まれる。

・しかし、軸となる産業が乏しい。車、コンピューター、家電、省エネなどがあるが、その国際的競争が激しい。

・環境、エネルギーの革新が期待できる。脱原発、シェールガス、省エネ産業である。急成長のアジア市場をとり込む。

④財政側

デフレ脱却のため金融緩和、財政出動がいわれるが限界が多い。財政そのものが破綻的である。経済成長をしても、支出増が大幅になる。

二〇一二年度でみると公債依存度四九%、国債残高七〇九兆円、GDP比一四〇%を超える。

国債費約二二兆円となる。国債費について、二〇一〇年度約二一兆円、翌一一年度二二兆円へ

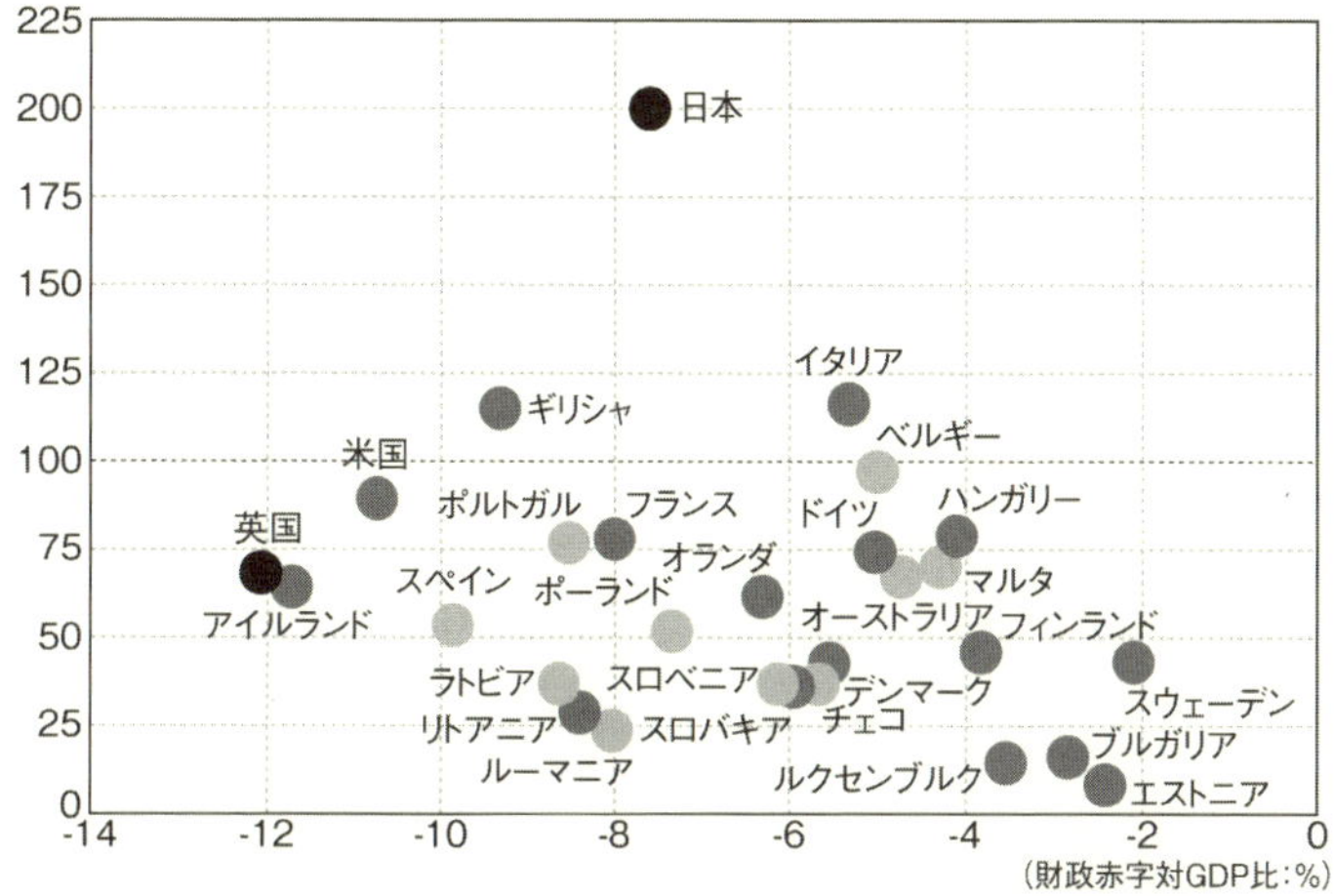

図表６－７　日米欧の財政状況（2010年）（政府債務残高対 GDP 費：％）

注：欧州は安定成長協定ベースの債務残高、日本と米国は総債務残高。データは欧州が５月の欧州委員会発表の見通し、日米が６月の OECD の見通し。

出典：欧州委員会、OECD（経済協力開発機構）より野村証券投資情報部作成

と増加してきた。公的債務高ではＧＤＰ二〇〇％を超える。

公的債務は増加の一方である。二〇二〇年には国と地方の公的債務残高が家計金融資産を上回るとする（ＩＭＦ予測）。

社会保障費が毎年急増している。

併せて国債費の増加がある。金利が一％上昇の場合、国債費は初年度一一兆円、二年度で一二・四兆円と累積的に増えていく。

日米欧の財政の状況を示す（図表６－７）。

政府債務と財政収支の対ＧＤＰ比で劣悪であり、暴落について、

・金融機関に大きな損失が生じる。

・国民側でも日本の国債でなく、海外の株や債券を求める。国債の信頼がうすれる。

・年金会計にも赤字が生じる。

・金利の上昇はより財政収支を悪化させる。

・企業側の資金コストを上昇させる。

これらの状況は国全体の信認がうすれ、過度の円安となる。財政は破綻する。円安は石油、天然ガス、鉄、銅、アルミニウム、食料などの価格上昇となる。これは企業コストを高め、国民生活も圧迫される。

これに対して、日銀が通貨の発行を増やして国債を引き受ければよいとする考え方がある。これは財政法で禁止されているだけでない。市場が日銀の直接引き受けを認めると、財政の信認がうすれ、財政収支は悪化し、財政はデフォルトもしくは日銀引き受けを続けざるをえない。インフレと円安が生じる。

それは何の解決にもならない。高インフレが生じ国民生活は圧迫される。紙幣のみを増やす政策が解決にならないのは平凡な経済論理である。紙幣は国民の信認があり、実物資産の裏付けがあってこそである。

これをさける方法は平凡である。支出の削減を徹底的にする。公共投資や防衛費も例外でない。国民生活の影響をさけつつ、財政収入を増やす。国民生活を守るべき国がその生活を破壊することもある。他国にもその例が多い。ギリシアのみでない。戦前の苦い経験も忘れてはならない。

最近のインフレ要因として次がある。

・消費税の三%アップ。
・日銀による異常な金融緩和と円安誘導。加えて米国景気回復による円安。
・貿易赤字が円安でも生じている。
・国債の一部について実質的な日銀引受け。

すでにのべたように法人税収、所得税収は激減してきた。その一方で国債残高は急増してきた。

個人別の給与については次がいえる。
・二〇〇五～一〇年について給与所得はほとんど伸びず、平均は約四〇〇万円ほどである。
・この反面、年五〇〇〇万円以上の人は二〇〇五年一・六万人であるが、二〇〇九年二・七万人に増えている。
・賃金取得が不安定の人が多く、派遣労働者が増えている。

所得税の累進税率を緩和をしてきたが、これを抜本的に見直す。高額所得者の優遇を見直す。併せて、賃金を上げ、正規雇用者の割合を増やす。これらは国全体の消費を促進する。現状では逆にしている。

法人税についてみる。

法人税率の引き下げが投資の増大となるとは限らない。利益の一部に課税するものであり、その税率が国際的に高いとはとれない。

加えて赤字法人がきわめて多い。法人税減→投資増→経済成長とつながらない側面がある。

・税率を三〇％とする（軽減をなくす）。
・各種の租税特別措置を見直す。
・赤字法人からも一定の税をとる。
・税額控除をなくす。

消費税について、益税となる課税最低限の一〇〇〇万円を見直す。インボイス制を導入する。食料品について低率課税とする。そのマイナスの影響——とくに低所得者への負担率増大——をみたうえでの引き上げを最低限にする（二〇一四年度、プラス三％とされる）。

財政支出には重い税負担があることを国民、政治家、官僚とも再認識する必要がある。

そして国民生活があってこその国である。民富みて国の繁栄がある。逆ではない。

痛みを先送りしても解決にならない。痛みをさけるインフレはより過酷な税であり、国民生活は破壊される。

改めて、支出は税負担があってこそであり、収入あっての支出である。

主要参考図書

〔財政関係〕

野口悠紀雄『大震災後の日本経済──一〇〇年に一度のターニングポイント』ダイヤモンド社、二〇一一年
野口悠紀雄『日本を破滅から救うための経済学──再活性化に向けて、いまなすべきこと』ダイヤモンド社、二〇一〇年
北沢　栄『亡国予算──闇に消えた「特別会計」』実業之日本社、二〇〇九年
北沢　栄『官僚利権──国民には知らされない霞が関の裏帳簿』実業之日本社、二〇一〇年
田中秀明『日本の財政──再建の道筋と予算制度』中央公論新社、二〇一三年
小此木潔『消費税をどうするか──再分配と負担の視点から』岩波書店、二〇〇九年
三木義一『日本の税金　新版』岩波書店、二〇一二年
三木義一編著『よくわかる税法入門　第七版』有斐閣　二〇一三年
湯本雅士『金融政策入門』岩波書店、二〇一三年
石角完爾・田中秀敏『アベノミクスが引き金になる日本国債暴落のシナリオ』中経出版、二〇一三年
嶋津暉之・清澤洋子『八ッ場ダム──過去、現在、そして未来』岩波書店、二〇一一年
富田俊基『国債累増のつけを誰が払うのか』東洋経済新報社、一九九九年

高田　創『国債暴落――日本は生き残れるのか』中央公論新社、二〇一三年
清水真人『消費税　政と官との「十年戦争」』新潮社、二〇一三年
小黒一正『アベノミクスでも消費税は二五％を超える』ＰＨＰ研究所、二〇一三年
円居総一『原発に頼らなくても日本は成長できる――エネルギー大転換の経済学』ダイヤモンド社、二〇一一年
五十嵐敬喜・小川明雄『道路をどうするか』岩波書店、二〇〇八年
宮崎勇・本庄真・田谷禎三『日本経済図説　第四版』岩波書店、二〇一三年
染谷英雄『法人税法を初歩から学ぶ』中央経済社、二〇一一年
石　弘光『消費税の政治経済学――税制と政治のはざまで』日本経済新聞出版社、二〇〇九年
藤本清一『所得税入門の入門　平成23年度版』税務研究会出版局、二〇一一年
武田知弘『税金は金持ちから取れ――富裕税を導入すれば、消費税はいらない』金曜日、二〇一二年
島恭彦・林栄夫編『財政学講座　２――財政政策の理論』有斐閣、一九六四年
井手英策『日本財政　転換の指針』岩波書店、二〇一三年
熊谷亮丸『消費税が日本を救う』日本経済新聞出版社、二〇一二年
八代尚宏『社会保障を立て直す――借金依存からの脱却』日本経済新聞出版社、二〇一三年
垣内　亮『消費税が日本をダメにする』新日本出版社、二〇一二年
水谷研治『財政改革の衝撃――待つも地獄、進むも地獄の日本経済』東洋経済新報社、二〇一一年
醍醐　聰『消費増税の大罪――会計学者が明かす財源の代案』柏書房、二〇一二年

Richard A. Musgrave『The Theory of Public Finance』McGraw Hill Book, 1959
三菱東京ＵＦＪ銀行円貨資金証券部『国債のすべて—その実像と最新ＡＬＭによるリスクマネジメント』きんざい、二〇一二年
宇沢弘文『自動車の社会的費用』岩波書店、一九七四年
ケインズ、塩野谷九十九訳『一般理論』東洋経済新報社、一九七五年

〔原発関係〕

高木仁三郎監修『反原発、出前します——原発・事故・影響そして未来を考える——高木仁三郎講義録』七つの森書館、二〇一一年
広瀬　隆『新エネルギーが世界を変える——原子力産業の終焉』ＮＨＫ出版、二〇一一年
広瀬　隆『原子炉時限爆弾——大地震におびえる日本列島』ダイヤモンド社、二〇一〇年
広瀬　隆『二酸化炭素温暖化説の崩壊』集英社、二〇一〇年
広瀬隆・藤田祐幸『原子力発電で本当に私たちが知りたい１２０の基礎知識』東京書籍、二〇〇〇年
吉岡　斉『原発と日本の未来——原子力は温暖化対策の切り札か』岩波書店、二〇一一年
大島堅一『再生可能エネルギーの政治経済学——エネルギー政策のグリーン改革に向けて』東洋経済新報社、二〇一〇年
槌田　敦『原発安楽死のすすめ』学陽書房、一九九二年
市川定夫『環境学——遺伝子破壊から地球規模の環境破壊まで』藤原書店、一九九九年

小林圭二「もんじゅ破綻――もはや廃炉しかない」(「世界」二〇一一年二月号)岩波書店、二〇一一年
円居総一『原発に頼らなくても日本は成長できる』ダイヤモンド社、二〇一一年
近藤邦明『温暖化は憂うべきことだろうか――CO2地球温暖化説の虚構　環境問題を考える1』不知火書房、二〇〇六年
近藤邦明『電力化亡国論――核・原発事故/再生可能エネルギー買収制度』不知火書房、二〇一二年
近藤邦明『誰も答えない！　太陽光発電の大疑問――エネルギー供給技術を評価する視点』不知火書房、二〇一〇年
飯田哲也監修『原発がなくても電力は足りる！』宝島社、二〇一一年
飯田哲也『エネルギー進化論――第4の革命が日本を変える』筑摩書房、二〇一一年
藤田祐幸『脱原発のエネルギー計画』高文研、一九九六年
伊原　賢『シェールガス争奪戦――非在来型天然ガスがエネルギー市場を変える』日刊工業出版社、二〇一一年

田島代支宣（たじま・よしのぶ）
1940年，東京都生まれ。久留米市在住。東京都立大学卒業。元水資源開発公団勤務。著書に『水と土と森の収奪 ―― 循環をとりもどせ』『水とエネルギーの循環経済学 ―― 大量消費社会を終わらせよう』『卑弥呼女王国と日本国の始まり ―― 九州起源の日本国』（いずれも海鳥社）がある。

原発廃炉と破綻をさける財政改革

■

2014年10月10日　第1刷発行

■

著　者　田島代支宣

発行者　西　俊明

発行所　有限会社海鳥社

〒812-0023　福岡市博多区奈良屋町13番4号

電話092（272）0120　FAX092（272）0121

http://www.kaichosha-f.co.jp

印刷・製本　大村印刷株式会社

［定価は表紙カバーに表示］

ISBN978-4-87415-921-7